12띠의 민속과 상징 ⑥

뱀띠

송 영 규

국학자료원

책 머리에

'띠'란 "옷 위로 가슴이나 허리를 둘러매는 끈"을 이르는 말이다. 옛적에는 옷감으로 허리띠를 만들어 맨 바지에 두르고 다녔으므로, 모르는 사이에 바지가 슬며시 흘러내리는 일도 있었고, 용변 후에 허리띠를 떨구는 일도 허다했다. 양복바지가 등장하면서부터 그런 불편은 사라졌다. 먹을 것이 없어 허리를 졸라매는 데나 쓰이던 그 무명베 띠는 사라지고 그 대신 가죽띠가 등장하였다. 가죽띠의 재료로는 쇠가죽이 대부분이나 그밖에 외국에서 들어온 악어가죽이나 뱀가죽이 있는가 하면 인조가죽도 나왔다. 더러는 단추가 띠를 대신하기도 한다. 혐오스럽던 뱀도 그 가죽이 띠가 되어 어느 사이에 우리의 허리를 감싸는 친근한 허리띠의 재료가 되었다.

우리의 사유는, 동서를 막론하고, 인간이 태어날 때 '운명의 띠'를 둘러매고 나온다고 믿게 한다. 이 상징의 띠는 우리에게는 불행히도 열두 개밖에 없으므로 훨씬 질이 좋은 악어 띠나 인조 가죽띠 같은 것은 두를 수도 없다. 그런데 필자는 경진년(庚辰年) 용띠 해에 출생하여 뱀띠의 해인 신사년(辛巳年)에 호적에 올랐으므로 두 번의 통과의례를 치른 것이다. 집에서는 용의 띠를 두르고, 밖에 나갈 때면 뱀가죽 띠를 두르는 셈이다. 그래서 띠는 필요로 할 때 두르는 것이고, 그렇지 않을 때는 바지의 단추가 띠를 대신하듯이 때로는 없어도 그다지 불편하지 않은 것이라고 생각한다. 때로는 악어 띠를 둘러도 된다는 생각으로...

열두 개의 띠가 하나 하나 열매를 맺어 책이 되어 나오게 한 국학자료원의 배려와 노고에 진심으로 깊은 감사의 뜻을 표하며, 미진한 것이지만 필자의 ≪뱀띠≫또한 사랑을 받게 된 것을 무한히 기쁘게 생각한다. 뱀띠 독자들에게는 물론, 다른 모든 띠의 독자들에게도 두루 이 작은 ≪뱀띠≫를 선사하고 싶다. 그리고 이 '뱀띠' 속에서 '뱀의 독'이 아닌, '운명의 띠'가 아닌, 우리 조상들이 어렵게 살던 시대에 모든 것을 팔자소관으로 돌리던 어두운 시절의 '무명베 띠'를 읽어 내고, 그것을 더 밝은 미래를 이어주는 끈의 고리로 보아주기를 진심으로 바란다. 이것이 현대를 사는 우리의 "띠"의 의미이니까.

1998년 원단에
한골 서실에서 지은이 씀

차 례

책머리에

I. 머리말 ─────── 7
II. 민속에 나타난 뱀의 의미(상징) ─────── 11
  1. 동물로서의 뱀 ─────── 11
  2. 뱀의 상징성 ─────── 14

III. 민속문학에 나타난 뱀 ─────── 23
  1. 설화(說話) ─────── 23
    1) 신화(神話)・23
    2) 전설(傳說)・27
    3) 민담(民譚)・50
  2. 민 요 ─────── 74
    1) 고려(高麗) 시대・74
    2) 조선(朝鮮) 시대・74
  3. 금기어・길조어 ─────── 76
  4. 속 담 ─────── 77

Ⅳ. 민속신앙·세시풍속·민속놀이 등에 나타난 뱀 ── 83
　　1. 민속신앙과 세시풍속 ─────── 83
　　　1) 속신과 풍속 • 83
　　　2) 질병과 뱀 • 86
　　　3) 풍수와 뱀 • 90
　　2. 뱀꿈 ─────── 92

Ⅴ. 뱀　띠 ─────── 101
　　1. 지지(地支)와 뱀띠 ─────── 101
　　2. 뱀띠생 ─────── 106
　　　1) 일반적인 견해 • 106
　　　2) 오행에 따른 성격 • 113
　　　3) 뱀띠생과 생시(生時) • 118
　　　4) 뱀띠생과 생일 • 124
　　　5) 뱀띠생과 생월 • 127
　　　6) 뱀띠생과 해 • 152
　　　7) 십이천성(十二天星)과 사(巳):천문성(天文星) • 158
　　　8) 다른 띠와의 관계 • 160
　　　9) 뱀띠에 해당하는 별자리 황소좌(Taurus) • 163
　　　10) 뱀띠생의 초(初) 중(中) 말(末)년의 운세 • 165

Ⅵ. 맺 음 말 ─────── 169

□ 참고문헌 ─────── 172

□ 부록 : 간지(干支)와 오행표(五行表) ─────── 177

I. 머리말

인간은 자연 환경으로부터 위협받지 않기를 원하며, 삶이 안정되고 풍요롭도록 하기 위해서 최대한의 노력을 하며, 동시에 보이지 않는 힘의 도움을 받기 위해서 믿음을 행한다.

믿음은 그로 인해서 항상 좋은 결과가 이루어질 것이라는 기대 속에서 행하여지는 것이기 때문에, 그 결과가 기대한 바대로 이루어지지 않을 때는 그것이 이루어지지 않게 된 원인을 제공하는 보이지 않는 요소가 있다고 믿는다.

이와 같이 방해가 되는, 눈에 보이지 않는 요소에다가

인간은 이른 바 '운명'이라는 이름을 붙이고, 그 운명을 지워주는 것은 출생할 때부터 생을 마칠 때까지의 자연의 보이지 않는 힘의 작용이라고 믿고 그 힘에다가 갖가지의 이름을 부여한다. 이 이름들은 민족마다 다르고 경우에 따라 다르다. 특히 출생과 관계되는 힘의 작용은 동양에서는 사주(四柱)와 음양오행(陰陽五行)에 부여하는데 그 중 한 가지가 '띠'이다.

띠는 출생 시에 이미 자신이 두르고 나오는 운명이라고 사람들이 정해 놓은 것이다. 사람이 정한 것은 하나의 법률처럼 그것이 악법(惡法)일지라도 지켜야 하듯이 그냥 따를 뿐이다. 그러나 악법은 결국 개선되어야 하는 것과 같이 운명에 대한 인위적인 해석도 바뀌어 질 수 있다. 그러나 인간의 정신 세계를 지배하는 강력한, 그리고 무서운, 보이지 않는 힘은 의식의 깊은 속에 자리하고 있어서 하나의 법을 고치는 것처럼 생각을 바꾸는 것은 쉽지 않다. 그 큰 힘에 저항하기에는 인간의 마음이 너무나 연약하기 때문이다.

따라서 인간의 연약한 마음으로는 운명의 불행한 부분에 대항할 수 없기 때문에 이에 결탁하고 그 운명을 면할 수 있는 갖가지 방편을 마련한다. 이런 방편들은 오랜 경험과 통계 등을 통해서 얻어진 것들도 있지만 자연의 현상과 대비해서 상징적인 의미를 부여해서 만들어낸 것들이 대부분이다. 하나의 현상 또는 물체에 대해서 상징적 의미를 부여하는 것은 그것이 처해 있는 자연적, 사회적, 민족적 상황하에서 이루어지는 것이기 때문에 그와는 다른 상황하에서는 또 다른 상징적 의미를 부여할 수 있다. 예컨대, 우리는 까치를 '길조(吉兆)의 길조(吉鳥)'라고 생각하는 반면, 프랑스에서는 '흉조(凶兆)의 흉조(凶鳥)'이다. 우리는 황용(黃龍)을 상서로움의 상징으로 생각하고 있는 반면 서양에서는 용은 그 자체가 불길의 상징인 것이다.

그러므로 뱀에 지워진 상징은 여러 가지로 해석될 수 있으나 우리는 그것이 인간의 사유(思惟)에서 비롯된 것인 만큼 생각하기에 따라서는 다른 동물에게 지워진 상징과 조금도 다를 바가 없음을 깨닫고, 뱀띠에 대한 인식을 새롭게 해야 할 것이다.

뱀은 그 생김새 때문에 사람들이 징그러워 하고 또한 뱀에 물렸을 때는 맹독성 때문에 생명을 잃기도 하므로 더욱 두려워 한다.

서양에서는 지혜가 있고 교활한 짐승이라고 해서 뱀을 흔히 '악마의 사자'(Satan)라고 하는 반면, 우리는 구렁이가 오랜 세월이 지나면 용(龍)이 된다고 믿고 또 집을 지켜주는 수호신이라고 믿어 신앙의 대상으로 삼기도 한다. 뱀은 또한 용과 유사한 점이 많아 가끔 이야기 중에 서로 혼동해서 쓰이기도 하고, 부채의 손잡이[1] 등에 무늬로 쓰이기도 한다.

이와 같이 뱀에 대한 인간의 여러 잠재의식으로 인해서 뱀은 혐오스러운 것에서부터 신앙의 대상에 이르기까지 다양한 면을 지니고 있어 이를 민속학적인 측면에서 고찰해 볼 만한 가치가 있다. 뱀에 대한 민속적인 측면에서의 연구는 특히 음양 오행과 관련해서는 본인이 깊이 아는 바가 없으므로 일찌기 이 분야에 공헌을 하신 분들의 자료를 한데 모아 정리하면서 선학들의 연구에 대해서 깊은 존경과 감사의 뜻을 이 글을 통하여 전하고 싶다.

---

1) (1) 금복현, ≪전통 부채≫, 대원사, 1990, 64쪽.
   (2) 李錫浩, ≪朝鮮歲時記≫, 東文選, 1991, 90쪽.

Ⅱ. 민속에 나타난 뱀의 의미(상징)

1. 동물로서의 뱀

뱀은 파충강(爬蟲綱) 뱀목(有鱗目) 뱀아목(亞目)에 속하는 동물을 총칭한다.

생김새를 보면 몸이 가늘고 길며 다리·눈꺼풀·귓구멍 (퇴화됨)이 없다. 두 가닥으로 된 가는 혀는 코와 입천장에 있는 한 쌍의 자콥슨 기관(Jacobson's organ)에 냄새의 입자를 전달한다. 미각기관은 없으나 후각은 잘 발달해 있다.

생식은 난생(卵生)에 의한 것과 난태생(卵胎生)에 의한 것의 두 종류가 있다. 알이 부화하는 기간은 하루에서부터 수십 일에 이르기까지 다양하다. 뱀은 보호 본능이 없어 알은 물론, 새끼를 보호하지 못하는 것으로 알려졌었으나 최근에 밝혀진 바에 의하면 숫컷이 알을 품어서 부화시키는 뱀도 있다고 한다.

 뱀은 종류에 따라 독(毒)이 있는 것과 없는 것이 있다.

 뱀의 발생과정을 살펴보면 삼억 년 이전 데본기(Devon 紀) 말엽에 물고기류와 곤충류 이외에 원시적인 양서류가 살고 있었는데 물고기류에서 진화되어 파충류가 나왔다. 이 파충류가 약 1억 2천만년 동안 지구를 지배하였다. 약 8천만년 전 백악기 말엽에 파충류의 황금시대가 끝나고 1억 5천만년 전 파충류 중 도마뱀에서 뱀이 나왔다. 뱀의 종류는 약 2,700종이 된다고 한다.

뱀은 흔히 용과 혼동해서 이야기 된다. 몇 가지 기록을 들어보면[2]

- 용과 뱀은 움츠려 숨음으로써 그 몸을 보존한다.
- 깊은 큰 못에는 용과 뱀이 실지로 산다.
- 나는 용은 구름을 타고 노닐고 나는 뱀은 안개에 노니다가, 구름이 흩어지고 안개가 흩어지면 용과 뱀도 지렁이나 말개미와 다를 바 없다.
- 용이 교접을 할 때면 두 마리 작은 뱀으로 변한다.
- 뱀이 변해서 용이 된다.
- 용은 때로 뱀과 같고, 뱀은 때로 용과 같다.
- 구렁이가 수천 년이면 용이 되고, 독사가 오백 년이면 이 무기가 되고 이무기가 다시 천년이면 용이 된다.

---

2) 이혜화, ≪龍사상과 한국고전문학≫, 깊은샘, 1991.

2. 뱀의 상징성

◇ 12지 신상의 뱀 민화

구약성서에
선악과(善
惡果)와 뱀
에 관한 이
야기 중에
"뱀은 지상
의 모든 동
물 중 가장
교활했다"3)
라는 구절
이 있고, 신
약성서에
"뱀처럼 신
중하고 비
둘기처럼

---

3) L'Ancien Testament <Genèse 3: 1~15> : ″Le serpent était le plus rusé de tous les animaux des champs, que l'Eternel Dieu avait faits...″

순결하라!"4)라는 구절이 있다. 이 두 구절에서 우리는 뱀이 '교활성'과 동시에 '신중성'의 상징임을 볼 수 있다. 또 구약성서의 '민수기'5)에 이런 이야기가 있다.

히브리인들이 모세를 따라 호르(Hor) 산을 떠나 홍해 쪽으로 가면서 경솔하게도 야훼와 모세에 대해서 불평을 하였다. 야훼와 모세가 사막에서 굶겨 죽이려고 자기네들을 에집트 밖으로 내몰았다는 것이었다. 야훼가 그들에게 벌을 주기 위해 그들에게 불뱀을 내려 보냈다. 그리하여 그들 중 대다수가 뱀에 물려 죽었다. 이에 놀란 히브리인들이 모세에게 찾아와 용서를 빌며 야훼에게 기도해 주기를 청하였다. 모세가 야훼에게 기도를 하자, 야훼는 불뱀 한 마리를 만들어 훼 위에 두고 뱀에 물린 자는 누구나 그 뱀을 쳐다 보면 살아날 수 있다고 일렀다. 모세가 청동(靑銅) 뱀을 만들어 단 위에 올려 놓았다. 그래서 그 뱀을 바라보는 자들은 병이 치유되고 소생할 수 있게 되었다.

이 이야기는 서력 기원 전 13세기 이전에 시나이 반도에

---

4) Le Nouveau Testament <Matthieu 10: 16> : "Ecoutez! Je vous envoie commes des moutons au milieu des loups. Soyez donc prudents comme les serpents et innocents comme les colombes...)

5) L'Ancien Testament <Nombres 21: 4-9> : "...l'Eternel envoya contre le peuple des serpents brûlants; ils mordirent le peuple, et il mourut beaucoup de gens en Israël.(...) Moïse fit un serpent d'airain, et le plaça sur une perche; et quiconque avait été mordu par un serpent, et regardait le serpent d'airain, conserait la vie."

서 이미 동광(銅鑛)이 채굴된 것과 연관되며, 뿐만 아니라 독사에게 물리는 것을 막기 위해서 쓰인 부적으로서의 구리뱀들이 발견된 것과 상통한다.

치유(治癒)의 상징인 '지팡이를 감고 있는 뱀'은 고대 동양 및 지중해 여러 나라에서 흔히 볼 수 있었던 상징물(Bâton d'Asclépios)이다. 기독교에서는 이 상징물에 대해서 신앙심을 가지고 경배하며 이것을 바라다보는 자들에게 기독교 사상을 심어주기 위해서 기독교적 신앙행위로 윤색하여 그 상징물을 '구원하는 십자가의 예수상'으로 인식케 했다.

고대 그리스에서는 뱀을 '의약', '예술', '시'와 연관시켰다. 극동·아랍 세계는 뱀을 숭배하고 뱀의 상징적 가치를 강조한 반면, 유대-기독교의 전통은 이를 거부하고 뱀을 악마(Satan)와 동일시한다.6)

한편 신비주의자들은 뱀을 숭배한다. 랍비(Rabbi)의 전통은 '창세기의 뱀'을 유사 이전에 존재했던, 발이 달린 거대한 '도마뱀류'로 간주하였기 때문에 뱀과 드래곤(dragon)은 동일시되고 있다. 龍을 뜻하는 梵語의 Nagah는 원래 인도 아리안족 이전의 스키타이(Scythie) 족 사이에 있었던 蛇類崇拜를 뜻하는 말이었다.7)

1972년 캄보디아의 프놈펜에서는 월식이 있던 날 밤 프놈펜 주둔군의 발포로 2명이 사망하고 83명이 부상을 당하

◇ 뱀신(서구신화, J. Campbell 10면)
루브르 박물관에 소장된 수메르의 녹색 화병에 조각된 것(BC
200경). 중앙에는 지혜와 재생을 상징하는 한 쌍의 뱀이 치유의
지팡이 처럼 서 있고 양쪽에서 날개 달린 사자(飛獅)가 이를 호
위하고 있다.

는 참사가 있었는데, 이는 하늘의 거대한 뱀이 자기 형제
인 해와 달을 기회 있는 대로 삼키려 하므로 일식과 월식

---

6) Joseph Campbell, Occidental Mythology, 22쪽. (야훼가 '우주의 바다
   의 뱀'(Laviathan)을 물리치고 욥(Job)에게 자랑하는 이야기; 그리고
   제우스가 '태풍의 신'(Typhon)을 물리친 이야기.)
7) 朴桂弘, ≪韓國民俗研究≫, 175쪽.

때 큰 소리를 내어 이를 막는 것이 인간의 중요한 의무인 것으로 생각하고 있는 크메르인들의 신앙에서 기인한 것이다.[8)

말레지아 페낭 섬에는 '뱀의 절'이라는 사원이 있다. 그 사원에서는 낮에는 향불을 피워 두기 때문에 그 안에 있는 뱀은 신경이 마비되어 꼼짝하지 않고 있다가, 밤이 되어 향불이 꺼지면 사람들이 두고 간 제물을 먹으러 나온다고 한다.[9)

적도 아래 아프리카 지방에서는 비단뱀을 거룩한 뱀으로 숭배하여 이를 죽인 자는 산채로 화형을 당한다고 한다.[10)

마다가스칼 원주민들은 귀족이 죽으면 영혼이 보아뱀의 몸 안에 들어간다고 믿어 장례 중에 '보아'뱀을 보면 길조(吉兆)라고 믿고 이 뱀을 숭배한다고 한다.[11)

미국 남부 호피인디언들은 방울뱀을 숭배하여 종교적 춤을 출 때는 이 뱀을 모시고, 방울뱀을 다루는 사람이 물려 독으로 죽는 일이 있어도 종교의식에 방울뱀을 모신다.[12)

에피루스(Epirus)인들은 매년 정해진 날짜에 아폴로(Apollo)신을 위한 축제에서 신의 노리개가 될 수 있도록

---

8) 조한규 감수, ≪세계의 야생동물: 파충류와 양서류≫, 8쪽
9) 위의 책 10쪽.
10) *idem*
11) *idem*

둥근 봉지에 뱀을 넣어 바친다. 이 뱀은 델피(Delphi)에 있는 피톤(Python)신전으로부터 하강한 것이라고 고(告)하고, 처녀 제관(祭官)들이 알몸으로 음식물(꿀과자)을 뱀에게 바친다. 이 때 뱀이 순순히 음식물을 먹으면 그 해에 풍년이 들고 또한 질병도 없으나, 그와 반대의 경우에는 흉년이 들고 질병이 많다고 믿는다.13)

티탄(Titan)14)은 어깨에 100마리나 되는 뱀이 꿈틀거리는 반인 반사(半人半巳)의 거인으로 이야기되고 있으며, 메두

---

12) *idem*
13) Joseph Campbell, *Occidental Mythology*, 20쪽.
14) *Dictionnaire de la Mythologie grecque et romaine* (그리스·로마의 신화) 참조.

사(Medusa) 여왕의 머리카락은 그 하나 하나가 솟아 있는 뱀으로 되어 있는데, 페르수스(Perseus)가 주문을 외워 그 뱀을 죽이고 메두사의 머리를 베어간 후 사람들이 사원을 지어 숭배하였다.[15]

◇ 고르곤 그리스 신화의 메두사 등 세 마녀 자매. 태초의 혼돈을 상징

불교에서는 약사여래(藥師如來)의 12대원을 통달한 12선신(善神)인 약사 12신장(藥師十二神將) 중 여섯 번째 산더

---

15) Joseph Campbell, Primitive Mythology, 187쪽.

라 대장(珊底羅 大將)은 곧 뱀[巳神]을 상징하는데 일체의 불구자로 하여금 모든 근(根)이 완전케 하려는 원(願)을 빈다고 한다.[16)

옛 사람들은 신(神)은 죽어서 모신(母神)의 가슴으로 돌아가 다시 태어난다고 믿었고, 그것은 달이 그늘을 벗어나 보름달이 되는 것과 뱀이 허물을 벗는 것과 동일시 한 것이라고 한다.[17) 또한 뱀(또는 매미)이 허물을 벗는 것은 죽음과 재생의 반복을 상징한다.[18)

제주도 차귀당(遮歸堂)이 있는 마을에서는 뱀을 죽이지 않고 신성시 한다고 한다.[19)

---

16) 李浣煥, ≪누구나 주어진 띠≫, 9～10쪽.
17) Joseph Campbell, Occidental Mythology, 9쪽.
18) 정재서, ≪不死의 신화와 사상≫, 민음사, 1994, 89쪽.
19) 任東權, ≪韓國民俗文化論≫ 集文堂, 1983. 480쪽

Ⅲ. 민속문학에 나타난 뱀

1. 설화(說話)

1) 신화(神話)

(1) 사신(蛇神) 칠성 (칠성 본풀이)[1]

장나라 장설룡과 송나라 송설룡이 부부가 되어 부자로 살았으나 50세가 되도록 자식이 없어 동관음사(東觀音寺)에 가서 100일 불공을 드렸다. 불공이 끝나는 날 스님은 보시

1) 玄容駿, ≪濟州道神話≫, 瑞文堂, 1976, 211~222쪽.

가 충분치 못하다 하여 딸을 점지한다고 일러주었다.

그렇게 해서 딸을 얻은지 7년이 되어 부부는 각기 벼슬살이를 떠나게 되었다. 딸을 방안에 가두고 느진덕정하님으로 하여금 딸을 잘 보살피도록 당부했다.

이레째 되는 날 아기씨가 온데 간데 없어 느진덕정하님은 상전에게 그 소식을 알렸다. 집을 빠져나간 아기씨는 부모를 찾아 정처없이 헤매다가 기진맥진해 있었다. 길을 가던 스님들 중 세 번째 스님이 아기씨를 보자 100일 불공으로 탄생한 아이임을 알고 데려갔다.

부모는 벼슬도 버리고 딸을 찾아다니다가 중을 만나 점을 쳐달라고 했다. 그 중이 아기씨를 희롱하다가 노둣돌 밑에 숨겨놓고 온 것을 그들이 알아차리자, 중은 술법을 써서 달아났다.

딸이 임신했음을 알아차린 부모는 딸을 죽이려 했으나, 그 대신 무쇠 석갑에 넣어 동해에 띄웠다. 무쇠 석갑은 제주도 주변을 돌다가 마침내 함덕리(咸德里) 서무오름에 이르렀다.

어느 날, 일곱 해녀가 그 무쇠 석갑을 발견하여 서로 가지려고 싸우는데 송첨지가 낚시질을 나가다가 그들이 싸우는 것을 보고, 그 속에 무엇이 들었든지 간에 똑같이 나눠 가지라고 했다.

무쇠 석갑을 부수고 보니, 그 안에는 뱀 여덟 마리가 들어 있었다. 임신한 아기씨가 뱀 일곱 마리를 낳고 뱀으로 변한 것이었다. 이 일곱 마리 뱀이 '칠성'이다.

뱀을 손 댄 송첨지와 일곱 잠수는 그날부터 병으로 눕게 되어 점을 치니 "남의 나라에서 들어온 신(神)을 박대한 죄목이 되니, 그 신을 청하여 굿을 하라."고 했다. 심방을 불러다 큰굿을 했더니 신병이 낫고 일시에 거부가 되었다. 이들은 서무오름에 칠성당을 만들고 이 신을 모셨다.

집을 나온 칠성이 칠성골에 이르렀을 때 송대정(宋大靜) 현감의 부인이 이들을 발견하여 집에 모셔가자 삽시간에 부자가 되었다.

어느 날 배부른 도안에 올라가 누워 있는 칠성을 보고, 지나가던 관원이 "에이, 누추하고 더럽다"고 하면서 침을 뱉었더니 그날부터 관원은 입안이 헐고 온몸이 아파서 죽게 되었다. 무녀가 점을 치고 "외국에서 들어온 신을 보고 입으로 속절없는 소리를 한 죄목이니 굿을 해야겠다."고 했다.

마침내 큰딸은 추수할머니로, 둘째딸은 이·형방에, 세째딸은 옥지기로, 네째딸은 과원할머니로, 다섯째 딸은 창고지기로, 여섯째 딸은 광청할머니로, 일곱째 막내딸은 집 뒤 억대부군 칠성으로 들어섰고, 어머니는 고방(庫房)의 안칠성으로 들어서서 모든 곡식을 거두어 지켜주는 신이 되었다.

◇ 중국인의 세계창조의 심상

(2) 서귀당 사신 (서귀당 본풀이)[2]

옛날 고려 적에 차귓뱅뒤에서 법성이란 목동이 바닷가에

---

2) 文武秉, ≪濟州道 堂信仰 硏究≫, 博士學位論文, 1993, 159~160쪽.

서 이상한 무쇠상자를 주어와서 열어보았더니, 그 안에는 황구렁이, 적구렁이가 소랑 소랑 엉켜 혀를 날름거리고 있었다. 깜짝 놀란 법성은 잘못을 빌고 살려달라 애원하며 "나를 태운 조상이면 좋은 곳에 좌정하십시오. 그러면 제를 지내겠습니다." 하니, 이 사신이 쫓아와서 고산리(高山里) 당오름 정결한 곳에 좌정하였다. 그 때부터 당이 설립되었다. 이 조상[蛇神]은 영험 있는 신으로 이 당 앞을 지나려면, 목사(牧使) 조차도 하마(下馬)를 하여 머리를 숙이지 않으면 말발이 절고, 담뱃대를 문 채 지나가면 이앓이를 한다. 호열자가 만연했을 때는 차귀 마을은 이 조상이 도와서 호열자를 막았으며, 4.3 사건 때 이완노라는 청년이 이 당을 부수고 당나무를 잘랐다가 당신(堂神)의 노여움으로 죽었다.

2) 전설(傳說)

(1) 뱀이 된 화주승(化主僧)[3]

옛날 어느 중이 상좌중 하나를 데리고 어느 고을에 당도했다. 중이 다리를 통과하지 않고 옷을 걷어올리고 개울을

---

3) 李信馥, ≪韓國의 說話≫, 1985, 272~274쪽.

건너므로 상좌중이 왜 그런지 물었더니, 어느 화주승이 다
리를 놓는다는 핑계로 많은 돈을 모아 다 쓰고 나머지로
그 다리를 놓았기 때문에 죽은 뒤에 괴상한 짐승으로 변하
여 그 다리를 지키게 되었다고 했다.

중이 능엄경 한 편을 외우자 큰 뱀 한 마리가 다리 밑에
서 올라와 허리를 걸치고 누웠다. 그 뱀 좌우에는 작은 뱀
여러 마리가 따라와 있었다. 그 작은 뱀들 역시 다리를 놓
을 때 돈을 훔쳐 쓴 자들이라고 중은 말했다.

그 다리 가에 제물을 설비하고 장작불을 피워놓고 밤낮
3일 동안 재(齋)를 올리자 큰 뱀이 먼저 그 화염 속으로
들어가자 작은 뱀들도 따라 불 속으로 들어가 죽었다.

(2) 유금이 들[4]

옛날 구렁이가 승천하려 하는데 사람들이 "구렁이 봐
라!"하고 소리치는 바람에 용이 되지 못하고 깡철이가 되
어 그것이 지나가는 곳마다 흉년이 들었다. 하루는 어떤
할머니가 유금이라는 아이를 업고 가는데 구렁이가 등천하
려고 꿈틀거리는 것을 보고 할머니가 "구렁이 봐라!" 하자
유금이가 "용 봐라!"고 했다. 그 소리를 듣고 구렁이가 용

4) 박종성, <蛇神說話의 形成과 變異> ≪國文學硏究 25輯≫, 서울大
學校 國文學硏究會, 1994, 43쪽.

이 되어 승천했다. 승천하면서 비를 내려 풍년이 들게 하
고 산을 쳐서 들로 만들어 그 아이에게 주었는데 그 들을
'유금이 들'이라 한다.

(3) 용전리[5]

진부면 용전리라는 곳에 모자가 살고 있었다. 뜻밖의 가

뱀 또아리 지형 제주도 강씨 집터

뭄으로 흉년이 계속되고 어머니는 병이 들었다.
아들이 백일기도를 드리자 신선이 나타나 그것은 용이

---

5) 위의 책 44쪽.

되려는 뱀의 화풀이라고 하면서 연못에 물을 채우라고 했다. 아들이 물을 길어다가 연못에 붓다가 쓰러지자 하느님이 비를 내려주었다. 그래서 뱀은 용이 되어 승천하고 어머니의 병이 낫고 풍년이 들었다.

(4) 한라산 위의 구렁이[6]

옛날 제주도에서는 부모가 칠순이 되면 한라산 마루에 올려 승천제를 지냈다. 새로 온 고을 원이 그런 제사에 초대되어 가서는 주머니 하나를 그 노인에게 주었다. 승천제를 지낸 그 다음 날 노인의 아들이 원을 찾아와 자기 아버지는 사라지고 그 대신 구렁이가 죽어 있다고 말했다. 그러자 원이 그 구렁이의 배를 갈라보라고 했다. 구렁이의 배를 갈라보니 그 속에 노인이 죽어 있었다. 원이 준 주머니에 독약이 들어 있어서 구렁이가 죽었던 것이다. 그때부터 승천제가 없어졌다고 한다.

(5) 국수봉 전설[7]

옛날 한 선비가 청운의 뜻을 품고 한양에 올라가 과거를

---

6) 위의 책 51쪽.
7) 위의 책 77쪽.

보았으나 번번이 낙방했다. 귀향차 국수봉에 올라가 쉬다
가 잠이 들었다. 꿈을 꾸었는데 큰 구렁이와 지네가 공중
에 나타나 치열한 싸움을 벌이다가 둘이 다 죽었다. 그 때
색동옷을 입은 여자가 나타나 춤을 추며 하는 말이 "이곳
에서 해마다 당제를 지내고 줄을 다려야만 과거에 급제하
고 해마다 풍년이 들며 평화롭게 잘 살 수 있다."고 했다.

(6) 상사바위[8]

동냥하러 다니는 중이 어느 집 처녀를 보고 짝사랑을 하
다가 죽어 구렁이가 되었다. 그 구렁이가 처녀의 몸을 감
고 처녀의 눈물만 먹고 살았다. 상사풀이를 해야한다고 처
녀를 물에 넣었더니 거기에서 바위가 솟아났는데 그 바위
를 상사바위라고 했다.

(7) 반선리(半仙里)의 유래[9]

남원군 산내면(山內面) 반선리에서 십리 쯤 들어가면 '정
이암'이라는 절이 있는데 섣달 그믐날이면 노장 한 사람이
신선이 되어 승천한다고 한다.

---

8) 위의 책 79쪽.
9) 成耆說, ≪韓國口碑傳承의 研究≫, 一潮閣, 1982, 251쪽.

이 소문을 들은 임금이 이상하게 여겨, 독약을 넣어 짠 금포(錦布)를 내리어 그것을 입고 등천하라고 했다.

섣달 그믐날 그 절의 노장이 금포를 입고 등천할 시간을 기다리고 있었는데 그 이튿날 사람들이 가보니 그 노장이 보이지 않으므로 등천한 것으로 믿었다. 그런데 그 다음 날 그 노장이 가까운 '배암'소(沼)에서 시체로 발견되었고 이무기도 죽어 있었다.

용이 못 된 이무기가 그 소에 살면서 사람을 잡아먹곤 했는데 그 노장의 옷에 들어 있는 독 때문에 죽었던 것이 다. 그리하여 신선이 반밖에 못 되었으므로 이곳을 반선리 (半仙里)라고 부르게 되었다.

(8) 낭사(娘蛇)[10]

경상북도 안동의 조씨 가문에 조월남(趙月南)은 이퇴계 문하에서 명성과 재력을 떨치고 있었다. 그런데 그 이웃에 처녀가 있었는데 담장 너머로 조월남을 보고 반하게 되었 다. 그러나 처녀는 신분이 낮은 집안 사람이므로 청을 넣 을 수도 없어 용기를 내어 직접 서생의 서실로 들어갔으나 서생은 한번 힐끗 돌아보았을 뿐 독서에만 열중하고 있었 다. 처녀는 주의를 끌기 위해 그 옆으로 다가가 교태를 부

---

10) 村山智順 著·金禧慶 譯, ≪朝鮮의 鬼神≫, 東文選, 1993, 41쪽.

렸으나 오히려 질책만 받고 돌아왔다. 처녀는 실망과 치욕을 견디지 못해 자살하고 말았다.

그런 후 서생의 허리에는 한 마리의 뱀이 칭칭 감겨 있어 떼어 놓을 수 없다는 소문이 나돌았고 그로 인해서 서생이 죽은 후에도 신주(神主)의 허리 부분에는 뱀이 감겨 있었다고 한다.

(9) 김녕굴(金寧窟)의 구렁이[11]

제주도 제주읍에서 동쪽으로 50리 되는 곳에 김녕굴이 있는데, 옛날 그 굴 속에 커다란 구렁이가 살고 있었다. 마을 사람들은 매년 15세의 처녀를 한 사람씩 제물로 바쳤다. 그렇지 않으면 풍재와 수재가 그치지 않는다고 했다.

조선조 중종 10년에 서린(徐隣)이라는 사람이 판관으로 부임하여 그런 사실을 전해듣고 크게 놀라, 군교 수십 명에게 명하여 구렁이가 처녀를 먹으려 할 때 일제히 공격하여 죽인 다음 불에 태워 죽였다.

서린이 돌아오면서 뒤를 보니 붉은 빛이 보였는데 관아에 이르자 그만 혼절하여 죽었다. 그 후로는 처녀를 바치

---

11) (1) 김기빈, ≪한국의 지명유래 4≫, 지식산업사, 1993. 229~230쪽.
 (2) 崔常壽, ≪韓國民間傳說集≫, 通文館, 1984, 175~176쪽

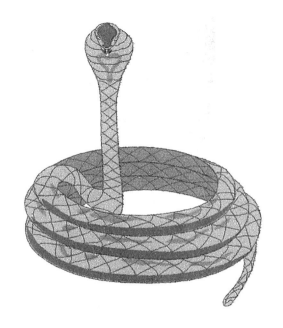

는 일은 없어졌다.

(10) 술독에 빠진 뱀 (맹산에 박씨가 많은 연유)[12]

옛날, 평안도 맹산(孟山)에 갈(葛)씨 일족이 살았는데 어느 해 한 갈씨의 집에서 잔치를 열게 되어 그때를 위해 갈

---

12) 위의 책 375~377쪽.

밭 속에다 술을 담가 두었다. 며칠 후에 가보니 그 술독 안에 뱀 한 마리가 빠져 죽어 있었다. 갈씨는 깜짝 놀라 그냥 버려두고 돌아왔다.

잔칫날 병든 거지 하나가 와서 잔칫술 한 잔만 달라고 떼를 쓰므로 주인 갈씨는 갈밭 속에 술이 있으니 가서 마시라고 했다. 거지가 술독을 들여다 보니 뱀이 빠져 죽어 있으므로 신세 한탄을 하면서 차라리 독사의 술이나 마시고 단숨에 죽어버리자고 하며 술을 실컷 마셨다. 취해서 잠이 들었다가 깨어보니 자신의 몸이 건강을 되찾게 된 것을 알았다.

한편 갈씨는 그때부터 병을 얻어 갈씨 일족은 쇠멸하고 거지 박씨가 부자가 되어 잘살게 되었다.

(11) 내금강의 흑사굴(黑蛇窟)[13]

옛날, 신라 때 영원조사(靈源祖師)라는 중이 영원암이라는 암자를 내금강 십왕봉(十王峰) 아래에 세우고 부처님의 깊은 뜻을 체득하고자 불도를 닦고 있었다.

어느 날 십왕봉 아래에서 치죄(治罪)하는 소리가 들렸다.

"경상도 동래군 범어사(梵魚寺) 중 명학(明學)을 잡아 올려라."

---

13) 위의 책 412~413.

명학이 바로 영원조사의 스님이었으므로 그는 크게 놀라며 귀를 기우려 들으니, "중 명학은 죄망사보(罪망蛇報)가 마땅하니 죄에 의하여 흑사굴에 잡아 가두라."는 말이 들렸다.

영원조사는 슬피 통곡하고 하루에 세 번씩 극락굴(極樂窟)의 황사굴(黃蛇窟)에서 정성껏 주문을 읽어 스님의 영혼을 위로하였다고 한다. 지금도 안개가 많이 끼거나 어둑컴컴한 날에는 치죄하는 괴상한 소리가 들린다고 한다.

(12) 치악산(雉岳山)과 상원사(上院寺)[14]

지금으로부터 천 년전, 강원도 영동 어느 마을에 활을 잘 쏘기로 유명한 젊은이가 있었다. 어느 날 청운의 뜻을 품고 서울로 가던 중 원주 적악산 길에서 신음 소리를 듣고 가보니 큰 뱀이 꿩 두 마리를 감고 막 먹으려는 참이었다. 젊은이가 활을 쏘아 꿩을 구해주었다.

다시 산길을 가다가 날이 저물어 인가를 찾다가 어느 집에 이르니 예쁜 여자가 안내하여 하루 밤을 보내게 되었다. 잠이 들었는데 돌연 숨이 막혀 깨어보니 그 여자가 큰 뱀으로 변하여 자기 몸을 감고 입을 벌리고 있었다. 그 뱀은 아까 낮에 죽은 뱀의 아내로서 원수를 갚겠다는 것이었

---

14) 위의 책 413~415쪽.

다.

그 순간 절의 종소리가 울렸다. 그러자 뱀은 깜짝 놀라며 몸을 풀기 시작했다. 다시 종소리가 울렸다. 뱀은 어디론지 달아나 버렸다.

절에 가보니 꿩 두 마리가 전신을 부딪쳐 종을 울리고 죽어 있었다. 그리하여 젊은이는 서울에 가는 것을 그만두고 중이 되어 그곳에 절을 세워 '상원사'라 하고 꿩의 영혼을 위로하였다고 하는데 그 후로 이 산(적악산)을 치악산이라고 고쳐 부르게 되었다고 한다.

(13) 원효대사(元曉大師)와 원효(元曉)목[15]

원효대사가 경기도 소요산에 안주하고 있을 때, 하루는 밥짓는 아이가 암자 앞 폭포로 물을 길러 갔는데 큰 뱀 한 마리가 나와 그 아이를 감고 잡아 먹으려 했다. 이것을 본 대사가 부처님 앞에 나아가 "전지 전능하고 미물까지도 보호하고 사랑하시는 부처님께서 이 암자의 아이가 참혹한 일을 당하니 부처님께서는 영험이 어데 있습니까?" 하고 조아리니, 갑자기 하늘에서 뇌성벽력이 나서 고개를 들고 보니 뱀은 간데 없고 아이는 기절하여 있었다. 이 때 원효대사가 수도하던 곳의 바위를 원효목이라 한다.

---

15) 위의 책 49~51쪽.

(14) 광정당(廣靜堂)의 이무기[16]

제주도 대정산방(大靜山房) 길 가에 광정당이라는 사당
이 있다. 이 사당의 귀신은 이무기로서 누구든지 그 앞을
지날 때는 반드시 예배를 드려야 하고 또 말을 탄 사람은
내려서 가야한다. 그렇지 않으면 말굽이 땅에 붙어 움직이
지 않는다고 한다.

토우 장식 항아리 신라

조선조 숙종
28년에 이형
상(李衡祥)이
란 사람이 제
주 목사로 부
임하여 그 사
당 앞을 순행
하자, 말굽이
땅에 붙어버
렸다. 목사가
말에서 내려
그 사당 앞에
절을 하고 말

16) 위의 책 178~179쪽.

의 목을 베어 제물로 바치고 무당을 불러 제사를 지냈다. 그랬더니 이무기가 나타나 사명기(司命旗)를 물려고 하므로 목사가 칼을 뽑아 이무기를 죽여 불에 태웠다. 지금도 그 사당을 모신다고 한다.

(15) 백로리(白鷺里)[17]

옛날, 평안남도 평원군(平原郡) 숙천면(肅川面) 백로리에 이좌수라는 사람이 살고 있었는데 정원을 꾸미고 연못을 파서 주위에 버드나무를 심고 고기를 기르고 있었다.

어느 해 버드나무에 해오라기가 집을 지어 새끼를 치고 있었는데 어디서인지 큰 뱀이 나와 새끼를 잡아먹으려 했다. 이것을 본 이좌수가 칼을 던져 뱀이 못 가운데로 떨어졌다.

이듬 해 여름, 못에서 낚시질을 하는데 큰 뱀장어 한 마리가 걸리었다. 반찬거리로 뱀장어의 배를 가르니 그 속에서 부러진 칼 끝이 나왔다.

그 이튿날부터 이좌수의 배가 부풀어 오르면서 배가 아프기 시작했다. 백약이 무효라서 죽음을 기다리는 수밖에 없었다. 날씨가 더워 버드나무 밑에 돗자리를 깔고 누워 있다가 잠이 들었다. 해오라비가 내려와 이좌수의 배를 쪼

---

17) 위의 책 388~390쪽.

았다. 배 속에서 많은 뱀이 나왔다. 그런 뒤로 병은 나았다. 그때부터 이 마을을 해오라기 마을(白鷺里)이라고 부르게 되었다.

(16) 천은사(泉隱寺)의 유래[18]

전라남도 구례군 광의면 방광리에 신라 흥덕왕 때 덕운(德雲)이 창건한 화엄사(華嚴寺)가 있는데 절 안에 있는 감로천(感露泉)의 이름을 따서 감로사(感露寺)라 했다. 그 후 고려 때 보조국사 지눌(普照國師 智訥)이 크게 지으면서 천언사(天彦寺)라 했는데 임진왜란으로 불타고 영조 때 재건하여 천은사(天隱寺)로 바꾸었다.

어느 여름, 절 아래 마을에 살던 아이들이 감로천에 물을 마시러 왔다가 샘을 지키는 구렁이를 발견하고는 그 구렁이를 죽여버렸다. 구렁이가 죽은 다음부터 이 샘은 물이 줄어들면서 황토색으로 변하더니 마침내 물이 말라버렸다. 이때부터 절 이름을 '샘물이 숨어버렸다.'는 뜻에서 천은사(泉隱寺)로 바꾸어 부르게 되었다.

---

18) 李淙煥, ≪띠≫, 新陽社, 1990, 487~489쪽.

(17) 화장산(花藏山)의 유래[19]

경상남도 울주군 언양면과 상북면 경계에 화장산이 있다. 신라 때 이 산기슭에 한 사냥꾼 가족이 살고 있었다. 어느 날 사냥꾼이 산꼭대기에 올라갔다가 큰 바위 위에서 큰 뱀을 발견하고 활을 쏘아 죽이려다 뱀의 독기로 인해서 집에 돌아와 죽었다. 남편의 원수를 갚으려고 뱀을 찾아나선 아내도 뱀의 독기로 죽었다. 어린 남매가 산을 헤매다가 얼어죽고 말았다. 남매의 혼이 복숭아 꽃으로 피어났다. 때마침 임금이 중병에 걸려 복숭아 꽃을 먹으면 낫는다고 했다. 그 산이름이 바로 꽃이 감춰진 산이라는 뜻이다.

(18) 구렁이와 매화[20]

지금부터 약 600년 전 한양에 홀어머니를 모시고 가난하게 사는 임도령이라는 총각이 있었다. 임도령이 광주에 사는 친척집에 식량을 얻으러 가는 도중 남한산에 이르렀는데 날이 저물고 돌연 억수 같은 비와 광풍이 일었다. 임도령은 불빛을 따라가 주인을 찾으니 아리따운 처녀가 맞이

---

19) 위의 책 492쪽.
20) 위의 책 498~499쪽.

하였다.

임도령은 처녀와 정을 나누었다. 처녀는 자기가 산 속에 혼자 사는 것이나 임도령을 만난 것이 다 옥황상제의 뜻이라고 했다. 이튿날 임도령은 작별을 하고 길을 가는데 어디선가 산신령의 목소리가 들리면서 어젯밤 그 여인은 500

◇ 파리 까르나발레 박물관에 소장된 그릇에 달린 뱀모양의 손잡이

년 묵은 암쿠렁이니 뒤돌아보지 말고 가라고 했다.

그러나 임도령은 지난 밤의 황홀감을 잊을 수 없어 처녀의 집으로 되돌아 갔다. 그런데 초가집은 간데 없고 해묵은 고목 밑에 처녀가 머리를 풀어 헤치고 앉아서 자기는 산신령의 말대로 500년 묵은 뱀인데 임도령과의 인연으로 허물을 벗고 승천을 하게 되었다면서 자기가 승천한 뒤에 그 자리에 비늘 세 개가 떨어질 것이니 그 자리에 임도령의 묘를 쓰면 자손 중에 장수가 태어날 것이라고 했다.

그 후 임도령은 장가를 들어 다복하게 살았다. 그가 죽은 뒤 처녀의 말대로 남한산의 매화나무 터에 묘를 쓰게 했는데 자손 중에 임경업 장군이 나왔다.

(19) 사능(蛇陵)[21]

경상북도 경주시 탑동에 있는 능은 박혁거세와 그 부인 알영의 무덤으로 봉분이 다섯이고 비석에는 2대 남해왕, 3대 유리왕, 5대 파사왕을 포함하여 다섯 능이라고 되어 있으나 삼국유사에는 박혁거세가 나라를 다스린지 61년 되던 해에 승천했는데 그 후 7년만에 뼈가 땅에 떨어져 흩어졌다고 한다. 이때 알영도 죽어 유골을 한데 모아 장사지내려 했으나 큰 뱀이 따라다니며 막았으므로 5체를 각각 따로 묻어 오능(五陵)이 되었고 또 뱀이 나타났으므로 사능(蛇陵)이라고 부르게 되었다 한다.

---

21) 위의 책 505쪽.

(20) 목에 감긴 뱀[22]

옛날 평안도 의주에 소문난 부자의 외아들로 태어난 박도원이라는 청년이 최영회라는 처녀와 혼인을 약속한 터인데 조부모와 집안 어른들의 뜻에 따라 안씨의 딸과 혼인을 하자 최영회가 우물에 뛰어들었다. 그 우물에서 뱀이 기어나와 신랑의 목에 붙어 떨어지지 않았다. 청년은 불공을 드리러 묘향산 보현사로 갔는데 박도원의 목에 상사뱀이 붙어 있다는 소문이 나서 구경꾼들이 몰려오는 바람에 그는 태백산으로 들어가 숨었다고 한다.

(21) 허적(許積) 선생과 구렁이[23]

조선조 숙종 때 정승을 지낸 허목(許穆)의 동생 허적 선생이 소싯적에 용인군 외사면 수정산에 있는 정원사(晶院寺)에서 공부를 하고 있었다.

이 절 주지가 매달 초하루와 보름이면 절 뒤 바위굴에다가 술과 밥을 올리고 굴 속에 있는 큰 구렁이에게 치성을 드렸다. 그래서 허적이 그 괴물을 퇴치하겠다 하고 그 뱀을 불당 귀틀 마루로 유인하여 칼로 베었더니 그 피가 솟

---

22) 위의 책 517쪽.
23) 위의 책 493~495쪽.

◇ 홍덕왕릉 12지 신상의 뱀

아 허적 선생의 마을 쪽으로 향하였다.

그 후 열 달이 지나 허적의 부인이 옥동자를 낳았다. 어느 날 백부 허미수 선생이 아기를 보러 와서 조카인 허적에게 말했다.

"이 아이는 상서롭지 못하니 곧 목을 베어 죽여라."

그러나 허적은 완강히 거부했으므로 백부는 혈족관계를 끊겠다고 했다. 이 아이는 재주가 비상하고 지략과 기상이 뛰어났다. 장성하여 벼슬길에 올라 역모를 하다가 그 집안이 멸문의 화를 당했다.

(22) 뱀바위[24)]

옛날 한 소년이 경상 남도 하동군 청암면 상리 냇가에서 놀다가 커다란 뱀 한 마리가 꼬리를 치며 승천하고 있는 것을 보고, "저기 뱀이 하늘로 올라간다."고 고함을 쳤다. 그러자 뱀은 냇물에 떨어져 죽어 바위로 변했는데, 이 바위를 '뱀바위'라 부른다.

(23) 청룡뿌리[25)]

천년 묵은 이무기가 도를 닦고 청룡이 되려 하나, 하느님이 이무기에게 어려운 과제를 준다. 인간에서 세 번 도전하여 한 번이라도 참다운 신의를 얻어야 한다는 것이었다. 그는 여자의 사랑, 남자의 신의, 승려의 신용 등을 얻으려고 각각 시도했지만 모두 실패하여 승천의 꿈을 못 이루고 한을 품고 죽었다. 이무기가 죽은 자리에는 그의 형상대로 산이 생기니 이를 '청룡뿌리'라 불렀다.

---

24) 이혜화, ≪龍사상과 한국구전문학≫, 1991, 223쪽.
25) 위의 책 224쪽.

(24) 경문왕과 뱀[26]

 일찍이 왕의 침전에는 날마다 저녁만 되면 수많은 뱀들
이 모여들었다. 궁인들이 놀라고 두려워하여 이를 쫓아내

려고 했으나 왕은 뱀이 없으면 편하게 잘 수가 없으니 쫓
지 말라고 했다. 왕이 잘 때는 언제나 뱀이 혀를 내밀어
가슴을 덮고 있었다. (三國遺事, 48, 景文大王)

---

26) 위의 책 225쪽.

(25) 어라사연(於羅寺淵)[27]

조선조 세종 13년, 큰 뱀이 못에서 헤엄치거나 물가에서 꿈틀거리고 다녔다. 하루는 돌무더기 위에 허물을 남겼는데 그 길이가 수십 자에 비늘이 번쩍거리고 두 귀가 있는 것을 고을 사람이 주웠다. 그 이야기를 듣고 권극화(權克和)를 보내어 큰 뱀을 찾게 하니, 극화가 배를 타고 못 가운데 났으나 갑자기 큰 바람이 일어 그 종적을 찾지 못했다.

(26) 위도(蝟島)의 황사(黃蛇)[28]

위도에 고려 고종 14년, 큰 기둥 만한 황사가 가산(假山)의 굴 속에 살았다. 초동이 지나갈 때에 부르는 소리가 들려 사면을 보았으나 사람은 없고 큰 뱀이 있을 뿐이었다. 그 뱀이 말하기를 "이 섬에 가까운 장래에 반드시 난리가 있을 것이다." 하더니 그 후 몽고군의 난이 있었다.

(27) 이삼만(李三萬)과 뱀[29]

정월 초사흘 뱀날 아침에 뱀 입춘을 써 붙이는 데 그 문

---

27) 위의 책 226~227쪽.
28) 위의 책 227쪽.
29) 제보자: 전북 정읍군 소성면 등계리 대동 거주 성원석(成元錫)노인.

구 중에 "李三萬"이라는 이름이 있다.

옛날 이삼만이 젊었을 때 그의 아버지가 독사에 물려죽었다. 이삼만은 아버지의 원수를 갚기 위해 뱀이란 뱀은 눈에 띄는 대로 잡아 죽이기 시작했다. 그리하여 그 때부터 뱀들은 이삼만이라는 이름만 들어도 맥을 쓰지 못하게 되었다.

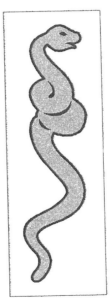

그러던 어느 날 방안에서 혼자 점심을 먹고 있었는데 조그마한 새끼뱀 한 마리가 문으로 들어와 밥상을 뛰어 넘어 다시 문밖으로 나갔다. 화가 난 이삼만이 뱀을 뒤쫓기 시작했다. 뱀은 뒷산 언덕 쪽으로 가더니 조그마한 구멍 속으로 들어가 버렸다. 이삼만은 그 구멍을 계속해서 파들어 갔다. 구멍은 점점 들어갈수록 커지기 시작했다. 마

침내 큰 동굴이 나타나더니 집채만한 구렁이가 꽹과리 같은 두 눈을 깜빡이며 이삼만에게 말했다.

"너는 나의 종족을 멸종하려 하느냐? 이제 그 일을 중지하는 것이 바람직하다."

이삼만은 그때부터 뱀을 죽이는 것을 그만 두었다고 한다.

3) 민담(民譚)

(1) 노총각과 불뱀[30]

울릉도에 공부만 하던 노총각이 있었는데 서울에 사는 외삼촌의 충고에 따라 서울에 와서 공부를 하게 되었다. 어느 날 외삼촌을 따라 어느 절에 갔다가 배를 타고 돌아오는데 소나기가 내렸다. 비를 맞고 가던 처녀가 함께 배를 타기를 원했으므로 함께 타고 가면서 노총각과 여인은 인사를 나누고 여인이 자기 집에 놀러올 것을 제의했다.

집에 돌아온 총각은 책이 아른거려 읽을 수가 없어 그때마다 여인을 찾아갔다. 그런지 얼마 후에 총각은 병이 들어 지나가는 중에게 약을 물었다. 중은 백년 묵은 두꺼비

---

30) 呂榮澤, ≪울릉도의 傳說·民謠≫, 正音社, 1984, 140~141쪽.

의 피나 백년 묵은 물뱀의 피를 먹어야 낫는다고 하면서 그를 절에 데려가 독 안에 집어넣고 염불을 했다. 그 처녀는 물뱀이었던 것이다.

성이 난 물뱀이 절에 찾아와 그 독을 칭칭 감고 있었다. 중이 계속 염불을 하자 그 뱀은 녹아서 떨어졌다. 중이 독을 열자 총각과 물뱀은 함께 용이 되어 하늘로 올라갔다.

(2) 뱀의 대화 ≪龍泉談寂記≫[31]

진산(晉山)에 사는 강(姜)씨라는 선비가 과거(科擧)에 실패하고 고향으로 돌아가던 길에 초재[草岾]를 넘다가 날이 저물었다.

한 동굴에 들어서니 한 노인이 앉아 있었다. 잠자리를 청하자 노인은 자기 아들 3형제가 사냥을 나갔는데 돌아올 때가 되었으니 그들에게 거슬리지 않도록 다른 데로 가보라고 했다.

숲속에 숨어 새벽이 오기를 기다리던 선비는 돌연 천지가 진동하는 소리와 함께 큰 뱀이 세 마리가 나타나는 것을 보았다. 뱀들이 굴속으로 들어가더니 금방 세 사람의 장부로 변해서 늙은이 앞에 섰다.

늙은이가 그들에게 일이 잘 되었느냐고 묻자, 셋째가 대

답했다.

"잘 되었습니다. 용궁현(龍宮縣)에 들어가 집이 많은 곳 우물가 창포밭 풀 속에 도사리고 있는데, 그 고을 우두머리인 듯한 아전 하나가 밤 술에 취해 물을 찾고 있었습니다. 그때 한 여자가 물 항아리를 이고 나오기에 제가 그 여자의 발꿈치를 물어 피를 배불리 빨아먹었습니다."

노인은 일을 그르쳤다고 책망했다. 고을 우두머리라면 약을 구하여 반드시 자기네를 퇴치하는 데 최선을 다 할 것이라는 것이었다.

"만약 정월 첫 해일(亥日)에 짠 참기름을 얻어 그 상처에 바르고 지지면 상처가 낫고, 또 그것을 낫자루 구멍에 발라 울타리에 꽂아 두면 우리들은 다 죽고 마는 것이다."

선비는 이들의 대화를 다 듣고, 용궁현에 그 여자의 집으로 찾아가 사실대로 다 이야기 했다. 마침 관리의 집에는 정월 해일에 짠 기름이 조금 남아 있어서 그것을 선비의 이야기대로 했다. 사람들이 동굴에 가보았더니 뱀 네 마리가 죽어 있었다.

(3) 구렁이가 된 시어머니[32]

옛날 며느리에게 '작작작'하고 항상 잔소리만 하던 시어

---

32) 임동권, ≪한국의 民譚≫, 서문당, 1986, 145~147쪽.

머니가 '작작작'하면서 죽었다.

어느 날 며느리가 쌀을 가지러 갔더니 또 '작작작' 하는 소리가 들렸다. 그것은 구렁이었다. 며느리가 뜨거운 물을 끼얹었더니 구렁이는 군데군데 허물이 벗겨진 채 배추밭으로 다니며 배추에다 몸을 문질렀다.

아내의 이야기를 들은 남편이 둥우리를 만들어 뱀을 모시고 절마다 찾아다니며 염불 소리를 들려주었다. 어느 산고개를 넘는데 구렁이가 자기를 거기에 내려달라고 하면서, 돌아갈 때 벼락이 떨어져도 뒤를 돌아보지 말라고 했다. 그리고 십리 쯤 가서 만나는 여자와 인연을 맺어 살고 마루 밑을 파보면 많은 돈이 나온다고 했다.

아들은 구렁이의 말대로 벼락 소리에도 아랑곳하지 않고 십리 쯤 되는 곳에서 여자를 만나 살았다. 어느 날 마루 밑을 파보니 금독이 나와 아들 딸 낳고 잘 살았다. 옛 집을 찾아가 보았더니 벼락이 떨어져 폐허가 되어 있었다.

(4) 뱀의 보은(報恩)[33]

옛날에 서당에 다니던 한 소년이 길에서 아이들이 돌로 뱀을 때리는 것을 보고 빼앗아 살려주었다.

몇 해 후 소년이 혼인을 하기 전날 꿈에 뱀이 나타나

---

[33] 위의 책 147~151쪽.

터주신 용인 민속촌 경북 경주 제11호분 출토

"혼인 날 밤에 머리에 기름이 묻는 일이 있더라도 닦지 말라"고 당부를 하고 사라졌다.

혼인 날 밤 신랑은 옷을 벗다가 등잔을 엎질러 머리에 기름을 뒤집어 썼으나 그대로 두었다. 밤이 깊어지자 어떤 사람이 들어와 신랑의 머리를 만지더니 기름이 묻어 있으므로 신부인 줄 믿고 옆에 있는 신부를 칼로 찌르고 달아났다.

신랑은 신부를 살해했다는 누명을 쓰고 사형을 당하게 되었다. 사형을 집행하려는 순간 버들잎 하나가 세수대야에 떨어지자 원님은 이상히 여겨 처형을 중지시켰다.

유명한 점쟁이를 불러 점을 쳤더니 버들잎 하나는 곧 한 자(漢字)로 말하면 유엽환(柳葉丸)이므로 유엽환이라는 자가 범인이라 했다. 그 마을 뒷 산 절에 있는 유엽환이라는 중이 평소에 신부를 탐내어 신랑을 죽이려 한 것이 실수로 신부를 죽이게 되었다고 한다.

(5) 구렁이의 복수[34)

옛날 어느 산골에 할아버지와 할머니가 자식도 없이 살고 있었다. 어느 날 할아버지가 산에 나무를 하러갔다가 구렁이에 감긴 꿩을 구해 주었다. 그런지 얼마 후 할머니에게 태기가 있어 아들을 낳았다.

그 아들이 자라 장가를 가는데 마침 어느 방죽 옆을 지나갔다. 방죽 물이 소용돌이 치며 구렁이가 나타나더니 자기 남편이 신랑의 아버지 손에 죽었으므로 신랑은 자기 손에 죽어야 한다고 했다.

신랑은 딱한 사정을 이야기 하고 혼례를 치르고 돌아오

---

34) 위의 책 149~151쪽.

는 길에 죽겠노라고 했다. 처가에서 첫날 밤을 세우고 아침 일찍 신랑은 뱀을 찾아 길을 더났다. 신랑의 거동이 수상하여 신부가 뒤를 쫓았다. 신랑의 말을 듣고 신부가 뱀에게 가서 사정을 했으나 뱀은 양보하지 않고 다만 신부가 백년 동안 먹고 살 수 있는 길을 마련해 주기로 했다.

방죽 둑에 구멍이 셋이 있는데 첫째 구멍은 쌀이 나오는 구멍이고, 둘째 구멍은 옷이 나오는 구멍이라고 일러 주었다. 셋째 구멍에 대해서는 아무 말이 없으므로 신부가 마구 조르는 바람에 그것은 죽음을 주는 구멍이라고 말했다.

그 말을 듣자 신부는 얼른 그 구멍으로 뛰어가 "구렁이를 죽여달라."고 했더니 구렁이가 곧 죽었다.

(6) 사람 잡아먹는 구렁이[35]

옛날 어떤 가난한 사람이 친척집에 식량을 얻으러 갔다가 돌아오는 길에 높은 산을 앞에 두고 날이 저물었다. 어느 바위에 이르자 한 여자가 나타나 다가와 집으로 안내했다.

밥상을 받고 보니 사람의 손톱이 있었다. 나그네가 그것이 무슨 고기냐고 묻자 여인은 화를 내더니, 자기는 그 굴속에 사는 구렁이인데 지금까지 사람을 아흔 아홉 명을 잡

---

35) 위의 책 151~152쪽.

아먹었으며 그 나그네 한 사람만 더 잡아먹으면 자기는 승천을 한다는 것이었다.

나그네가 집에서 굶고 있는 처자를 생각하며 아무리 간청을 했으나 구렁이는 양보하지 않았다. 나그네가 죽기 전에 집에 한번 다녀오게 해달라고 하자 집에 보내주되 돌아오지 않을 때는 전 가족을 다 잡아먹겠다고 했다.

나그네는 구렁이에게 가장 싫어하는 것이 무엇이냐고 물었더니 담뱃진이라고 대답했다. 나그네는 자기네는 돈을 가장 무서워한다고 말했다. 나그네는 담뱃진을 이용하여 집으로 달아났다. 그 이튿날 뱀은 돈을 한 보따리 갖다 놓고 쏜살같이 달아났다.

(7) 까치와 구렁이[36)]

옛날에 한 선비가 과거를 보러가던 길에 까치새끼를 잡아먹으려는 구렁이를 활로 쏘아 못에 빠뜨리고 새끼를 구했다.

과거에 장원급제하고 돌아오는 길에 구렁이를 죽인 마을에 머물게 되었다. 마을 사람들이 선비를 대접하기 위해 못에 그물을 쳤으나 고기가 잡히지 않더니 마침내 이상하게 생긴 커다란 물고기 한 마리가 잡혔다.

---

36) 위의 책 151~152쪽.

토막을 내어 국을 끓여서 대접하여 선비가 그것을 먹으려 하자 돌연 까치 떼가 몰려와 선비의 머리 위를 빙글빙글 돌더니 그 중 한 마리가 고기 토막을 찍으며 떨어져 죽었다. 고기 토막을 쪼개어 보니 그 속에 불어진 화살이 꽂혀 있었다.

(8) 황새와 구렁이[37]

전에 어떤 사람이 들에 나갔다가 황새새끼를 잡아먹으려는 구렁이를 살포로 찔러죽였다. 그때, 살포의 끝이 부러져 구렁이의 몸에 박혔다. 어느 날, 그 사람이 삼치를 사서 먹었는데, 갑자기 온몸이 뚱뚱 부어서 죽게 되었다. 그때 황새 떼가 와서 그 집 둘레에 앉아 있었다. 사태를 짐작한 그가 마당에 가서 옷을 벗고 누워 있으니, 황새 떼가 날아와 그의 몸을 쪼아서 낫게 해주었다. 그가 먹다 남은 삼치를 자세히 살펴보니, 그 속에 부러진 살포끝이 들어 있었다.

(9) 구렁이가 된 쌀장수[38]

쌀장수가 좀 이익을 더 보려고 쌀에다 돌 같은 것을 섞

---

37) 최운식, ≪한국의 민담≫, 시인사, 1987, 34~36쪽.

어 팔았다. 그 사람은 그 벌로 죽어서 구렁이가 되었다. 이를 본 그의 가족들은 절에 가서 빌기도 하고, 굿을 하기도 하여 그의 구렁이 허물을 벗겨주었다.

◇ 황금사과나무와 뱀신

헤스페리테스(우주의 여신)가 살고 있는 곳에 황금사과가 열리는 신비의 나무가 있고 그 뿌리 밑 샘에서 물이 솟아난다. 뿔이 달린 거대한 뱀이 황금사과나무를 감고 있다. 헤스페리데스가 뱀에게 먹을 음식을 대접한다.

---

38) 위의 책 87쪽.

(10) 죽은 사람을 살리는 자[39]

예전에 한 총각이 정처없이 떠돌아 다니다가 어느 산 밑에 가보니, 새끼 두 마리를 데리고 있는 족제비가 구렁이와 싸우고 있었다. 한참 싸우더니 구렁이가 족제비 새끼를 물어 죽이고는 어디로 가버렸다. 족제비는 조그만 자[尺] 하나를 가져다가 그것으로 죽은 새끼를 재고 또 재니까 살아났다. 총각이 소리를 지르니 족제비는 자를 놓아둔 채 도망갔다.

총각이 그 자를 가지고 어디를 가다 보니까, 공주가 뱀에 물려 죽게 되었는데, 이를 고쳐주는 사람은 사위를 삼겠다는 방이 붙어 있었다. 총각은 그 자로 공주의 병을 고쳐주고 공주와 결혼하였다.

얼마 후, 이웃 나라의 공주가 병으로 죽게 되었다. 왕은 사위로 하여금 가서 고쳐주라 하였다. 그는 이웃 나라 공주를 고쳐준 다음 그 공주와도 결혼하였다.

(11) 산삼과 이무기[40]

그전에 어떤 사람이 두 친구와 함께 산삼을 캐러 갔다.

---

39) 위의 책 75쪽.
40) 위의 책 148쪽.

그는 낭떠러지 밑에 산삼이 많은 것을 발견하고 칡덩굴로 줄을 만들어 타고 내려가 산삼을 캐서 바구니에 담아 올려 보냈다.

위에 있던 친구들은 산삼을 자기네들끼리만 가질 생각으로 줄을 내려보내지 않고 그대로 가버렸다. 그 사람이 낭떠러지 밑에서 탄식하고 있을 때, 큰 이무기가 나타났다. 그가 이무기의 등에 올라타자 이무기는 절벽을 기어 올라왔다.

그 사람이 집으로 오다 보니, 산삼을 가지고 간 두 친구가 정자나무 밑에 죽어 있었다. 그 사람은 그 산삼을 가지고 돌아와 부자가 되어 잘 살았다.

(12) 구렁덩덩 신선비[41]

한 늙은 여인이 구렁이를 낳았다. 구렁이가 이웃 장자집 딸 3형제 중 세째딸에게 장가들게 해달라고 어머니에게 요구했다. 구렁이는 결혼을 한 후 허물을 벗고 미남 선비가 되었다. 신선비가 과거를 보러 떠나면서 자기의 허물을 신부에게 맡기면서 잘 간수하라고 했다. 시샘이 난 언니들이 허물을 빼앗아 불에 태워버렸다. 그 허물이 타는 냄새를 맡고 신선비는 자취를 감추어 버렸다. 신부가 신선비를 찾

41) 최내옥, ≪한국 전래 동화집 10≫, 창비사. 1989, P249.

아 나서 온갖 고생 끝에 신선비의 거처를 알아냈다. 신부
는 신선비가 달을 보고 자기를 그리워하고 있음을 알고 노
래로 화답하여 재회하고 후처와의 대결에서 이기고 다시
결합했다.

(13) 야래자(1)[42]

고려 초에 평양 남문 밖에 김좌수라는 부자가 딸 셋을
데리고 살았는데, 어느 해 여름 날 밤에, 맏딸 방에 미소년
이 나타나 말벗이 되었다. 그 청년은 항상 푸른 옷을 입고
왕자 같은 관을 쓰고 밤에만 왔다. 또한 ,그는 개구리 소리
만 들리면 그 소리에만 정신이 팔려 있다가 새벽 종소리만
울리면 깜짝 놀라 사라지는 것이었다.

어느 날 처녀가 종지기에게 돈을 주어 종소리가 성 밖에
있는 자기 집에까지 울리지 않도록 쳐달라고 부탁을 했다.
새벽 종소리가 들리지 않으므로 청년은 아직 새벽이 안된
줄 알고 날이 밝을 때까지 놀다가 하녀가 밥상을 들여오는
바람에 햇빛이 방안으로 들어왔다. 그러자 청년은 갑자기
큰 뱀으로 변하여 문 밖으로 달아나 버렸다.

---

42) (1) 金和經, ≪韓國說話의 硏究≫, 1987, 249~250쪽.
     (2) 崔常壽, ≪韓國民間傳說集≫, 1984, 383~384쪽.

(14) 야래자(2)[43]

옛날 수리산의 발치에 한 처녀가 살고 있었는데 그 처녀가 결혼 적령기가 되었을 때 거처하는 방에 밤마다 정체불명의 남자가 찾아와 동침을 하고 돌아가곤 했다. 이를 이상하게 여겨 어느 날 밤 그 남자의 옷에 실을 꿴 바늘을 꽂았다. 다음 날 그 실을 딸아가 보니 그 실이 수리산 꼭대기 쪽에 멈추었다. 그 곳에 커다란 뱀이 바늘에 찔려 죽어 있었다. 그로부터 처녀가 임신을 하여 사내 아이를 낳았는데 그 아이가 자라서 큰 인물이 되었다.

(15) 야래자(3)[44]

옛날 어느 부잣집에 무남독녀가 있었는데 밤마다 미소년이 와서 동침하고 닭이 울면 사라졌다. 그의 몸은 항상 냉기가 있었다. 어느 날 밤 딸의 방에 남자가 있는 것을 알게 된 아버지가 그 소년의 옷자락에 실을 꿴 바늘을 꽂도록 일렀다. 딸이 그렇게 했더니 소년은 놀라 달아났는데 그 이튿날 아침에 실을 따라 가보니 뒷산 동굴에 큰 뱀 한 마리가 죽어 있었다. 처녀는 그 후 많은 뱀 새끼를 낳았다.

---

43) 위의 책 256쪽.
44) 위의 책 268쪽.

(16) 야래자(4)[45]

옛날, 경상남도 동래에 큰 부자가 외딸을 두었는데 역시 몸이 차가운 미소년이 밤마다 찾아오는 것을 알게 된 아버지가 실을 꿴 바늘로 찌르라고 일러 그 이튿날 실을 따라가 보니 뒷 동산 큰 동굴 속에 커다란 구렁이가 죽어 있었다. 그 구렁이를 태우게 했더니 그 후로는 다시 나타나지 않았다.

(17) 구렁이 임금 만들기

옛날에 한 총각이 서당에 가는 길에 뱀을 만나 밥을 덜어주었다. 이렇게 여러 해 동안 밥을 먹여 기르니 구렁이가 집채만큼 커졌다. 총각은 구렁이와 의형제를 맺었으나 총각이 결혼을 함으로써 서로 헤어지게 되었다.

그 후 구렁이는 사람을 잡아먹고 돌아다니며 행패를 부렸다. 나라에서는 그 구렁이를 기른 자를 잡아들여서 그로 하여금 구렁이를 죽이도록 했다.

구렁이가 총각에게 일렀다. 자기 몸을 토막내어 죽인 다

---

45) (1) 위의 책 268~269쪽. (2) 崔常壽, ≪韓國民間傳說集≫, 通文館, 1984, 200~201쪽.

음 다시 맞추되 순서대로 이어놓으라는 것이었다. 총각이 구렁이를 토막 내어 수레에 싣고 임금 앞에 가니까, 임금이 그 토막들을 그대로 이어놓으라고 했다.

총각이 구렁이 토막을 순서대로 이어놓자 구렁이가 살아나 임금을 잡아먹었다. 나라에서는 그 총각을 새 임금으로 모셨다.

(18) 닭·개·지네·구렁이의 복수[46]

옛날 어느 집에 매우 오래 된 개와 닭이 있어 조화를 부리기 시작했다. 그리하여 저녁마다 닭은 사람이 되어 말이 된 개를 타고 어디론가 외출을 하였다. 이상히 여긴 주인이 개 다리에 명주실을 매어 몰래 그 실을 따라가 보았더니 닭을 태운 개가 어느 으슥한 굴에 들어가 그 속에 있는 지네와 구렁이에게 자기네를 구박하는 원수를 처치해 달라고 했다. 그러자 구렁이가 청을 들어주기로 했다. 주인이 놀라 곧 동네 노인에게 의논을 했더니 사월(巳月) 사시(巳時)에 그 구렁이가 올 때 들깨기름을 뿌리라고 일러 주었다.

그날 집채같은 큰 구렁이가 오자 주인이 들기름을 뿌리자 구렁이가 죽었다.

---

46) 成耆說, ≪韓國口碑傳承의 硏究≫, 一潮閣, 1982, 196쪽.

(19) 구렁이로 변한 개[47]

옛적에 어느 인색한 집 며느리가 개에게 먹이를 제대로 주지 않고 맹물만 주었다. 개는 참을 길이 없어 뒤꼍에 가서 도섭을 하여 커다란 구렁이가 되어 며느리를 죽이려고 달려들었다. 시어머니가 놀라 며느리를 큰 독 속에 숨겼더니 구렁이가 그 독을 감고 있어 마침내 며느리는 독 속에서 물로 변했다.

(20) 구렁이의 복수[48]

예전 어느 곳에 한 양반이 살고 있었다. 하루는 논 물꼬에 나갔던 하인이 뛰어 들어와서 물꼬에 큰 구렁이가 있다고 했다. 주인은 잡아치우라고 했다. 하인들이 그 구렁이를 잡아 세 동강을 내어 죽였다. 그날부터 그 양반의 아내는 태기가 있어 아들 삼형제를 두게 되었다.

얼마 후 첫아들이 중병에 걸려 죽고, 둘째, 셋째가 차례로 죽었다. 양반은 지관에게 산소자리를 부탁하고 하인으로 하여금 시체를 나르게 했다. 그리고 하인에게 이르기를

---

47) 위의 책 196~197쪽.
48) 위의 책 209쪽.

그 시체가 하는 소리를 귀담아 들으라고 했다. 하인이 들어보니 지고 가던 시체가 "그 양반이라는 작자 지독도 하군. 원수를 갚으려고 우리가 그의 세 아들이 되었건만 자식이 죽게 되어도 돌보지 않다니! 그가 와서 보면 독기를 뿜어 죽이려 했는데..."라고 하더라는 것이었다.

(21) 암쿠렁이의 복수[49)]

예전에 어느 마을에 한 소년이 살고 있었다. 하루는 들에 나갔다가 구렁이 두 마리가 싸우는 것을 보고 막대기로 때려 그 중 한 마리가 죽었다. 수쿠렁이가 죽고 암쿠렁이는 달아났다.

그 후 소년은 혼례차 길을 가는데 암쿠렁이가 달려들어 잡아먹으려 했다. 소년은 장가들고 올 때 잡아먹도록 구렁이에게 약속을 하고 혼례를 치렀다.

신부는 첫날 밤 시름에 겨운 신랑에게 물어 자초지종을 들었다.

이튿날 시집으로 가는 길에 그 구렁이가 나타나자 신부가 말했다. 신랑이 죽으면 자기는 청상과부가 될 테니 평생 먹을 것을 달라고 했다. 그랬더니 구렁이가 조그마한 자를 주면서 한 쪽 끝은 무엇이든 원하는 대로 나오는 것

---

49) 위의 책 236~237쪽.

◇ 북극 노인 및 거북과 뱀

이라고 일러 주었다. 신부가 다른 한 쪽 끝은 무엇에 쓰느냐고 묻자 그것은 원수를 갚는 데 쓴다고 했다. 그러자 신부가 얼른 그 자로 구렁이를 치자 구렁이는 그 자리에서 죽었다.

(22) 구렁이와 두꺼비[50)

옛날 어떤 구차한 집에 무남독녀가 어머니와 함께 살았다. 어떤 비 오는 날 한 마리 두꺼비가 그 집 부엌에 들어왔다. 처녀는 불쌍히 여겨 두꺼비에게 밥을 주어 길렀다. 그 두꺼비가 큰 개만큼 자랐다.

---

50) 孫晋泰, ≪韓國民族說話의 研究≫,. 乙酉文化社, 1987, 188쪽.

그 마을에는 큰 뱀이 있어 마을에 재변이 생기고 사람과 가축이 피해를 입으므로 마을 사람들이 매년 처녀 한 사람씩을 그 뱀에게 바쳤다.

마침 그 해의 희생자로 그 처녀가 지정되었다. 그날이 되어 처녀는 동굴 앞에 갔는데 그 때 두꺼비가 따라와 뱀과 싸워 둘이 다 죽고 처녀는 살아났다. 처녀는 두꺼비를 묻어주고 마을 사람들은 뱀을 태웠는데 석달 열흘이나 탔다고 한다.

(23) 구렁이가 된 시어머니[51]

시어머니가 늙어 바깥 출입을 하지 못하다가 세상을 떠났다. 그런데 며느리가 쌀을 가지러 가면 "조금만, 조금만." 하는 시어머니의 목소리가 들렸다. 그것은 커다란 구렁이었다. 남편이 둥지를 틀어 그 속에 구렁이를 넣고 장터마다 다니며 구경을 시켰다.

어느 날 어느 곳에 이르러 둥지를 내려놓고 아들은 말했다.

"어머님, 이제 여러 곳 구경도 다 하셨으니 이곳에 머무르시오."

그랬더니 그 구렁이가 큰 바위 구멍으로 들어가고, 그

---

51) 위의 책 247쪽.

후부터 이 집안은 큰 부자가 되어 잘 살았다.

(24) 이사(尼蛇)[52]

옛날 홍모라는 재상이 나이가 어릴 때 길에서 소나기를 만나 잠시 비를 피하기 위해 작은 골짜기로 들어갔다. 그 골짜기 한쪽 작은 암자에 17,8세 정도의 비구니가 있었다. 셋 중 둘은 탁발하러 나가고 혼자 남아 있었다. 둘은 정을 나눈 다음 비가 개이자 홍은 비구니를 아내로 맞이할 것이라고 돌아올 날짜를 알리고 집으로 돌아갔다. 그러나 기약한 날짜가 지나도 홍은 나타나지 않았다. 비구니는 상사병이 들어 원망 속에서 죽었다.

홍은 출세해서 남방의 절도사가 되었는데 어느 날 작은 도마뱀 한 마리가 홍의 깔개 위를 기어다니자 역인을 시켜 그 도마뱀을 죽였다. 다음 날 작은 뱀 한 마리가 나타났다. 그것도 죽였다. 그 다음 날도 똑같은 일이 일어났다. 그제야 홍은 이상히 여겨 회고해 보니 골짜기의 비구니 생각이 났다. 그러나 역인을 시켜 나타나는 대로 없애기로 했다. 그런데 매일 그 크기가 커져 마침내 큰 뱀이 나타났다. 그래서 홍은 무장병으로 하여금 호위케 하였으나 여전히 뱀

---

52) 村山智順 著・金禧慶 譯, ≪朝鮮의 鬼神≫, 東文選, 1993, 38~39쪽.

이 들어왔다. 그리하여 불을 피워놓고 뱀이 올 때마다 불에 넣었지만 전멸시킬 수가 없었다. 결국 뱀을 상자에 모셔 함께 다니지 않으면 또 뱀이 나타나기 때문에 그로 인해서 홍은 병이 들어 죽고 말았다. (용제총화 중에서)

(25) 승사(僧蛇)[53]

안공이 임천(林川) 태수로 있었을 때, 금성산(錦城山) 보광사(普光寺)의 대선사가 꼭 만나고 싶다고 간청해서 서로 만나 친한 사이가 되었다. 이 대선사는 일찍이 마을의 한 낭자를 아내로 삼고 은밀히 처가를 왕래했다. 그런데 명이 다하여 죽으면서도 아내를 남겨두는 것이 걸려 뱀이 되어 아내 곁에 있었다. 아내는 그 뱀을 항아리에 넣어두어 밤이면 뱀이 나와 아내를 휘감곤 했다.

안공이 이 사실을 선사의 아내에게서 확인하고 항아리에 대고 대선사의 이름을 불렀더니 뱀이 머리를 내미는 것이었다. 안공이 화를 내어 꾸짖자 뱀이 항아리 속으로 숨었다. 안공은 몰래 상자를 만들어 그 속에 선사의 아내 속곳을 깔고 그녀로 하여금 새로운 살기 좋은 곳으로 보내줄테니 그 상자 속으로 옮기라고 말하게 했더니 뱀이 그 속으로 들어갔다. 힘센 장사를 시켜 상자를 못질하고 선사의

---

53) 위의 책 40～41쪽.

이름을 쓴 명기(銘旗)를 만들어 선두에 세우고 승도 수십
명으로 하여금 북과 꽹과리를 울리며 독경을 하게 하고 상
자를 물에 띄웠다. 그 후로는 그 아내는 괴로움을 당하지
않았다. (용제총화 중에서)

(26) 야광주(夜光珠)(1)[54]

옛날 조선에서 명나라에 가는 사신이 해로(海路)로 다닐
때에 원역(員役) 한 사람이 병이 나서 해도(海島) 무인처
(無人處)에 막을 치고 몸조리를 하게 했다. 밤마다 풍우 지
나가는 소리를 내면서 산으로부터 해변으로 내려갔다가 새
벽이면 도로 올라가는 것이 있어, 병이 좀 나아서 그 곳으
로 가보았더니 산으로부터 해변으로 길이 나 있었다. 그는
큰 나무를 베어 못(釘)을 만들어 길바닥에 창대같이 벌여
꽂아 놓았다. 그랬더니 그날 밤에 내려가는 소리가 들리더
니 다시 올라가는 소리가 들리지 않았다. 이튿날 가보니
큰 구렁이가 배가 갈라진 채 죽어 있었고 큰 구슬이 두어
말 정도나 쏟아져 나와 있었다. 그 구슬을 자루에 담아 두
었다가 돌아오는 사신의 배편에 싣고 돌아왔는데 서양의
장사치가 보고 그것이 모두 야광주(夜光珠)라 하면서 비싼
값을 주고 사갔으므로 그는 부자가 되었다.

---

54) 이혜화, ≪龍사상과 한국고전문학≫, 229쪽.

(27) 야광주(夜光珠)(2)[55]

원천강을 찾아 나선 소녀 '오늘이'가 청수 바닷가에 이르러 큰 뱀에게 길을 묻자 뱀은 대시 부탁하길, "다른 뱀들은 야광주를 하나만 물어도 용이 되어 승천하는데, 나는 야광주를 셋씩이나 물어도 용이 되지 못하니 어찌하면 좋겠는가 좀 알아봐 주십시오." 했다. 원천강에 도착하여 부모를 만나고 그 문제를 물었을 때, "큰 뱀은 야광주를 한 개만 물었어야 하는데 욕심이 많아서 세 개씩이나 물고 있어서 용이 못 되는 것이다."라는 답을 얻는다. 그리하여 큰 뱀이 야광주 둘을 뱉어 '오늘이'에게 주고는 용이 되어 뇌성벽력과 더불어 승천한다.

---

55) 위의 책 248쪽.

2. 민 요

1) 고려(高麗) 시대

(1) 민요에 <蛇龍>(사룡)[56]이라는 노래가 있다.

"有蛇含龍尾 聞過太山峰 萬人其一語 斟酌在兩心"

(배암이 용의 꼬리를 물고 태산봉을 지난다는 말을 들었네. 만 사람이 제각기 하는 그 말을 님이 짐작 하소서)

(2) 충렬왕 때 관기(官妓)들이 부른 노래로 "槿花樂府" (근화악부)[57]라는 노래가 있다.

"됴고만 비얌이 용의 꼬리 담북 물고 고봉준령을 넘 단 말이 이셔이다. 왼님이 왼말을 ᄒ여도 님이 짐쟉 ᄒ여라"

2) 조선(朝鮮) 시대 : 文獻備考(문헌비고)에 뱀에 관한 민요 한 편이 보인다.

"蛇穴 正穴" (배암 구멍 참 구멍)[58]

---

56) 任東權, ≪韓國民謠史≫, 集文堂, 1986. 84쪽.
57) 위의 책 85쪽.

◇ 삼실총 제 3 실 동벽 장사도.

---

58) 위의 책 122쪽.

3. 금기어·길조어[59]

- 뱀 구멍에 오줌 누면 뱀을 낳는다.
- 뱀을 죽이다 말면 살아나서 원수갚는다.
- 뱀의 발을 보는 자는 죽는다.
- 뱀이 감았던 호박을 먹으면 죽는다.
- 뱀이 앞길을 질러가면 재수 없다. (반대의 경우도 있 다.)
- 뱀이 집안에서 나오면 초상난다.
- 뱀이 집에 들어오면 3년 운수가 나쁘다.
- 우물 속에 뱀이 있으면 해롭다.
- 우물 속에 뱀이 있으면 집안이 망한다.
- 이른 봄에 능구렁이를 먼저 보면 게을러진다.
- 뱀에 물린 두꺼비를 고아먹으면 보약이 된다.
- 뱀껍질을 가지고 다니면 공부가 잘 된다.
- 여자가 아침 일찍 뱀을 보면 임신한다.
- 구렁이 껍질을 쌀독에 넣으면 부자가 된다.

59) (1) 金聖培, ≪韓國의 禁忌語·吉兆語≫, 正音社, 1984.
   (2) 서울 特別市 銅雀區, ≪銅雀區誌≫, 1994, 1332쪽.
   (3) 류상채, ≪액풀이 병풀이≫, 은율, 1993, 170, 183, 185, 204쪽.

- 뱀이 서까래 안에 살고 있다가 집안이나 온돌 안으로 내려오면 연중에 가족 중 사망자가 발생하거나 연내에 불행한 일이 생긴다.
- 뱀이 나오면 세상이 망한다.
- 산후에는 뱀을 잡지 않는다.
- 뱀을 죽이다 말면 그 뱀이 살아서 원수 갚으러 온다.
- 뱀이 앞 길을 질러가면 그날 재수가 없다. 기도를 하러 가던 길이면 부정을 탄다.
- 아기 낳은 집에 갈 때 뱀을 보면 그 집 대문 앞에서 세수를 하고 들어가야 부정을 타지 않는다.
- 백사를 보면 좋은 일이 생긴다.

4. 속 담[60]

- 개구리는 울다가 뱀에게 잡힌다. (한 가지 일에 너무 골몰하면 화를 입는다.)
- 구멍에 든 뱀 길이는 모른다.(孔蛇無尺) (열 길 물속은

---

60) (1) 송재선, ≪우리말 속담 큰사전≫, 서문당, 1986 참조.
    (2) 全羅南道農村振興院, ≪農事俗談集≫, 1979 참조.

알아도 한 길 사람 속은 모른다)

- 굴에 든 뱀 길이다. (上同: 말 없는 사람의 속은 모른다. 못 본 것은 모른다.)

- 대가리 없는 뱀은 가지 못한다. (蛇無頭不行) (모든 활동은 두뇌가 있어야 한다.)

- 댓진 먹은 뱀 상이다. (죽게 되어 발악을 하거나, 치명적 타격을 받아 힘을 쓰지 못하거나 흉한 몰골을 하고 있다.)

- 댓진 묻은 뱀 대가리요 불붙은 개 대가리다. (上同)

- 뱀도 천년 묵으면 용이 된다.(누구나 오래 살면 지혜가 는다)

- 뱀 본 새 짖어대듯 한다. (몹시 소란을 떤다.)

- 뱀 소가지 같다.(蛇心) (간악하고 질투심이 많다)

- 뱀에 놀란 사람 새끼만 봐도 놀란다. (몹시 놀라다. 자라에 놀란 사람 솥뚜껑 보고 놀란다.)

- 뱀은 꿈틀거리는 버릇을 못 버린다.(제 버릇 개 못 준다. 버릇은 고치기 어렵다.)

- 뱀은 대가리만 봐도 그 길이를 알 수 있다.(見蛇首知長短)(한 부분으로 전체를 알 수 있다. 하나를 보면 열을 알 수 있다.)

- 뱀은 발이 없어도 걷는다. (蛇無足行) (불구자라도 할 일은 다한다. 굼벵이도 딩구는 재주는 있다.)

- 뱀은 용이 되어도 본바탕은 변하지 않는다.(蛇化爲龍不 變其本) (본바탕이 못된 사람은 언제나 못된 짓만 한 다.)

- 뱀은 제 꼬리로 제 몸을 때리고 문다. (자신을 해롭게 한다)

◇ 삼실총 제 3 실 뱀 중국 지린성 진안 고구려 고분

- 뱀의 마음에 부처의 말이다. (蛇心佛口) (겉으로 말은 곱게 하면서도 속마음은 간악하다.)

- 뱀의 발까지 그린다. (畫蛇添足/爲蛇添足) (쓸 데 없는 짓을 한다.)

- 뱀이 모기에게 물린 폭도 안된다. (꿈쩍 안한다)

- 뱀이 용 되어 큰 소리 친다. (어렵던 때를 잊고 교만을 부린다.)

- 뱀이 용의 굴에 들어간다.(蛇入龍窟) (오막살이를 하던 사람이 부자가 되어 큰 기와집에 살게 된다.)

- 구렁이가 제 몸 추어 봤자지. (못난 것은 항상 못난 짓

만 한다.)

- 구렁이 제 몸 추듯 한다. (上同)
- 구렁이 담 넘어가듯 한다. (무슨 일이든 어물어물 슬쩍 넘어간다.)
- 구렁이 밭이랑 넘어가듯 한다. (上同)
- 구렁이도 제 몸을 추어주면 좋아한다. (아부를 싫어하는 사람 없다.)
- 구렁이가 두꺼비 삼키듯 한다. (선뜻 해치우다)
- 능구렁이가 되었다. (알면서도 모르는 척 하고 실속 있는 일만 한다)
- 구렁이 날 궂이 한다. (일기속담: 구렁이가 잘 나타나는 주로 저기압 상태에서 이므로 날이 궂을 것을 예보하는 것으로 본다.)
- 능글능글한 능구렁이다. (솔직하지 못하고 음흉하다)
- 이무기 못된 것은 재변만 일으킨다. (남에게 피해만 끼치는 사람이다.)
- 이무기보다 양반이 더 무섭다. (심술이 사납다는 이무기보다도 더 심술이 사나운 사람이다.)
- 이무기 심술이다. (용 못된 이무기의 심술)
- 과부 살이 십 년에 독사 안되는 년 없다. (누구나 시달리면 성격이 독해진다.)
- 독사 같은 검사요 구렁이 같은 판사다. (뱀의 성격을 지닌 사람이다.)

- 독사는 작아도 독이 있다.(작다고 멸시하다 화를 당한
  다.)
- 독사 아가리를 벗어났다. (죽을 고비를 면하였다.)
- 독사 아감지에 손가락을 넣겠다. (위험한 짓을 자초하
  다.)

Ⅳ. 민속신앙·세시풍속·민속놀이 등에 나타난 뱀

1. 민속신앙과 세시풍속

1) 속신과 풍속

◦ 제주도의 사신의례(蛇神儀禮) 중에서 뱀장사 놀이가 있
  다.61)

◦ 집안의 재산을 맡은 가신(家神)을 업(業/業主)이라 한다.
  부자가 되는 것을 "업 들어온다."고 하고 가난해지거나
  재산을 탕진하는 것을 "업 나간다."고 한다. 업의 신체

---

61) 文武秉, ≪濟州道 堂信仰 研究≫, 169쪽.

(神體)는 구렁이, 두꺼비, 족제비 등으로 상징되고 있다. 그래서 가정에서는 이러한 동물이 울안에 있어도 잡지 않는 것은 업이 존재하는 한 재산이 유지된다고 믿기 때문이다. 업이 없어지거나 이를 잡아 죽이면 재산이 없어지는 것이라고 전한다.[62]

배의 업은 배선왕이라고 한다. 배 안에 있는 뱀은 잡아 죽이지 않고 먹을 것을 주면서 배의 안전과 만선을 빈다.[63]

- 매월 보름에 음식을 마련하여 곳간이나 헛간에 차려놓고 재신(財神)을 응대한다. 이것을 뱀[蛇業]이 먹는다. 먹다 남긴 것은 주인이 먹어야 한다. 그렇지 않으면 부자는 금세 가난뱅이가 된다.[64]

- 상사일(上巳日)에 하는 금기사항에는:

- 머리를 빗거나 깎지 않는다. 지키지 않으면 연중 뱀의 화를 당한다.

- 김치를 썰지 않는다.

- 빨래.바느질을 하지 않는다.

---

62) (1) 任東權, ≪韓國民俗文化論≫, 集文堂, 1983, 134,157,158,247쪽.
　　(2) 文貞玉, 〈韓國家神의 分流〉 ≪韓國民俗學≫, 1982, 50, 60, 67쪽.
63) 최덕원, 〈어업과 배선왕〉 ≪농업과 민속, 어업과 민속≫, 민속학회 제2회 하계대회, 1944, 59쪽.
64) 村山智順, ≪朝鮮의 鬼神≫, 171쪽.

- 땔나무라도 옮기지 않고 집안에 들여놓지 않는다.
- 사불원행(巳不遠行)이라 하여 먼길을 떠나지 않는다.
  (제주도)

- 뱀의 침입을 막기 위해서 다음과 같은 행위가 있다.
  ① 뱀입춘을 써 붙인다 : 백지를 2×3cm 정도로 잘라
     붓으로 赤帝子(적제자), 覇王劍(패왕검), 項羽劍(항
     우검), 白龍(백룡), 靑龍(청룡), 黑龍(흑룡), 赤龍(적
     룡), 白巳(백사), 靑巳(청사), 四方無一巳(사방무일
     사), 赤帝子斬巳(적제자참사), 拔劍斬巳(발검참사),
     拔劍斬巳漢太祖(발검참사한태조), 逐巳將軍李三萬
     遇此(축사장군이삼만우차) 등의 글을 써서 새벽에
     기둥 밑, 담벽, 우물 등 뱀이 나올만한 곳에 거꾸
     로 붙인다.
  ② 뱀지지기(진대지지기)를 한다 : 먼저 아주까릿대나
     부지깽이 또는 막대의 한쪽 끝에 머리카락·솜 등을
     새끼로 묶어 '뱀지지대'를 만든 다음 거기에 巳
     (사)라고 써 붙인다. 새끼를 댕기처럼 길게 땋아
     드리우고, 묵은 머리카락이나 솜 등에 불을 붙여
     뱀입춘을 붙인 곳과 뱀이 나왔던 곳을 그 연기로
     지져가며 "뱀짖자 구렝이 짖자" 하면서 연기를 쏘
     인다. 상사일(上巳日)에 못하면 14일 밤에 한다. 전

남 지방에서는 뱀지지기, 진것치기, 진대끗기 등의 다양한 이름으로, 상사일(上巳日) 아침, 14일 저녁이나 보름날 아침, 부인이나 아이들이 여자의 머리카락, 피마자 대, 헌 신짝, 왼 새끼, 숯, 고추, 헝겊 등을 이용해서 먼저 뱀 모양을 만든다. 피마자 대에 왼 새끼와 헝겊으로 이것들을 감아 만드는데 이를 진대(뱀)라 한다. 늘어뜨린 왼 새끼를 끌면서 한 사람이 앞서서 뱀이 많이 나왔던 곳을 돌면 뒤에서 한 사람이 소리를 지르며 쫓아서 집 밖으로 끌어다가 버린다.[65]

③ 상사일에 머리카락을 태우거나, 반쯤 태운 지푸라기 또는 들기름을 가옥 주위 구멍마다에 박아놓아 뱀의 침입을 막는다.

2) 질병과 뱀[66]

인간이 귀신을 대할 때 양귀(禳鬼)하여 공물(供物)하고 가무(歌舞)로 오신(娛神)하고 공순(恭順)하게 위해서 물러가

---

65) (1) 任東權, ≪韓國 歲時風俗≫, (2) 張籌根, ≪韓國의 歲時風俗≫,
    (3) 金星元, ≪韓國의 歲時風俗≫, (4) ≪韓國民俗大辭典≫ 參照.
66) (1) 村山智順, ≪朝鮮의 鬼神≫, 162쪽.
    (2) 류상채, ≪액풀이 병풀이≫, 은율, 1993, 120, 133, 136, 142,
    160쪽.

게 하는 소극적 방법도 있으나 이와는 반대로 적극적으로
대결하고 적대시해서 맞서 구축하는 방법도 있다.

인간이 귀신에게 적극적으로 명령하는 것은 귀신을 퇴송
시켜 질병에서 벗어나고 가내에 평안을 유지하여 행복을
누리기 위한 수단이다. 귀신은 우리에게 행운을 가져다 주
는 적극성은 없고 자기의 기능에 의해서 질병을 가져다 주
고 재액을 가져다 주는 등 인간을 가해하여 화(禍)의 근원
이 되는 여러 가지 작용을 맡고 있다. 따라서 양귀(禳鬼)하
고 축귀(逐鬼)하는 주술(呪術)이 마련되었다. 축귀에 대한
방법을 들면 다음과 같다.[67]

(1) 구타법(毆打法): 불의의 사고나 질병의 원인이 귀신
으로부터 비롯되었다고 보고 귀신을 적대시해서 위협과 폭
력을 가해서 물러가게 하는 방법이다.

(2) 자공법(刺攻法): 환자나 환부 또는 의태(擬態)를 만들
어 예리한 칼이나 침 또는 대나무 꼬챙이 등으로 자상(刺
傷)하고 공격해서 귀신을 물러가게 하는 방법이다.

(3) 화공법(火攻法): 화기(火氣)로써 귀신의 접근을 방지
하고 귀신의 의거물(依據物)을 소진해서 축퇴시키고, 불로
태워 냄새나 연기로 귀신을 퇴산케 하는 방법이다.

(4) 봉박법(封縛法): 질병의 원인으로 믿는 역귀, 잡귀를

---

67) 任東權, ≪韓國民俗文化論≫, 集文堂, 1983, 271~283쪽.

꼼짝 못하게 봉하거나 결박해서 그 발동을 저지하고 병화
(病禍)에서 벗어나는 방법이다.

- 사일(巳日)에 생긴 병은 손발에 통증이 있어 성인은 우
  마의 꿈을 보게 되고, 3~4일 후부터 4~5일 간은 먹은
  것을 토한다. 이것은 사해방(巳亥方)에 신위를 넣은 죄
  이기 때문에 술과 음식을 성조·군웅에게 차려놓고 동
  방으로 물러서면 된다.
- 사일(巳日)의 병은 동남쪽에서 음식에 전염되어 왔거나
  또는 남북을 정지(整地)하여 문호를 개축하였기 때문에
  저주를 받아서 생긴 것으로 귀명(鬼名)은 장량(長良)이
  다. 수수밥 일곱 그릇에 소금과 간장을 곁들여 술 한
  잔과 함께 말 일곱 마리를 그린 후 동방으로 17보 물
  러서서 귀명을 세 번 부르고 보내면 된다.
- 말라리아는 악마의 저주로 생기는 병인데 뱀을 두려워
  한다. 그래서 말라리아 환자가 자고 있을 때 돌연히 뱀
  으로 목을 쳐서 환자가 매우 놀라게 되면 병마는 도망
  간다.
- 이른 새벽에, 잠자고 있는 말라리아 환자의 얼굴에 물
  적신 행주로 철썩 소리나게 때려서 환자가 놀라 벌떡
  일어나면 "구렁이 보아라"하고 소리쳐 환자를 더욱 놀
  라게 한다.

- 황달은 독사에게 감염되는 성질이 있으므로 이 병에 걸렸을 때 환자를 독사에게 물리도록 하면 전치할 수 있다고 믿는다.
- 폐병에는 독사(毒蛇)를 닳여 마신다.
- 눈이 어두워질 때 뱀장어나 뱀의 기름을 짜서 눈에 넣으면 된다.
- 치질에 걸리면 복날 꽃뱀을 잡아서 십자로에 늘어놓고 그 위에 똥을 눈다. 삼복날마다 한다. 돌아올 때에는 뒤돌아 보지 않는다.
- 종기에는 뱀의 허물을 태워서 가루로 만들어 환부에 뿌린다.
- 가슴앓이 병에는 뱀탕을 먹는다.
- 뱀(독사)에 물렸을 때는:[68]
- 즉시 그 뱀이 있던 곳의 흙을 먹는다.
- 오줌에 담배를 짓이겨 바른다.
- 돼지 피를 바른다.
- 끓인 물에 꿀을 타서 마신다.
- 개구리를 자루에 잡아넣고, 물린 곳을 자루 속에 담가둔다.
- 흰 죽에 담그고 주무른다.
- 메주를 부수어 바른다.

---

68) 李在崑, 〈慶北 東海岸 地方의 民間醫療(1)〉≪韓國民俗學≫, 민속학회, 1973, 156쪽, 160쪽; 〈上同(2)〉 1974, 117쪽, 121쪽.

- 뱀이 땅김을 쐬기에 앞서 먼저 흙을 먹는다.
- 뱀이 흙을 먹기 전에 먼저 흙을 먹는다.
- 해삼을 붙인다.
- 밤나무 껍질을 붙인다.
- 달풀을 붙인다.
- 인분(人糞)에 담근다.
- 감탕나무 이파리를 붙인다.
- 돼지 피를 참종이에 발라서 붙인다.
- 돼지간과 비계를 붙인다.
- 뱀풀을 두들겨 상처에 바른다.

3) 풍수와 뱀[69]

마을의 재액(災厄)을 일으키는 원인을 적극적이며 능동적으로 제거하거나 은폐하거나 다른 사물로 상쇄(相殺)시킴으로써, 마을의 안정을 구하는 경우도 축귀(逐鬼)의 한 방법이라고 말할 수 있다.

마을 입구의 바깥 서쪽이 뱀 형국인 마을에서는 이 뱀이 마을로 침범하는 것을 막기 위해서, 마을 바깥 동쪽에 있는 한 바위를 두꺼비라고 여기고 예전에는 이 두꺼비 바위에다 제사를 지내고, 또 다른 마을에서는 뱀의 머리에 해

◇ 세계의 수호신

페르시아의 사산 왕조 시대(AD 226-641)에 엘람 지방에서 나온
도기에 그려진 그림으로, 세계수(世界樹)에 세계의 수호신인 뱀이
감겨 있다.

당하는 장소를 선돌로 눌러서 뱀의 기(氣)를 제압했다고
한다.

　강원도 정선읍은 제비형이나, 이곳으로 들어오는 어천(魚

---

69) 이필영, ≪마을 신앙의 사회사≫, 웅진출판, 1994, 44쪽.

川)이라는 강줄기는 뱀이다. 뱀이 제비집으로 침입하면 제비가 피해를 보듯이 어천이 범람하면 정선이 망한다는 속설(俗說)이 있어, 여말선초(麗末鮮初)에 이를 막기 위하여 어천이 내려다보이는 위치의 산에 여덟 마리의 학을, 그리고 강가에는 세 마리의 거북을 좌정시켰다고 한다.

2. 뱀꿈[70]

뱀꿈은 대개 태몽, 업꿈, 재수꿈이다.

- 청사몽(靑蛇夢)은 십석몽(十石夢), 무사몽(撫蛇夢)은 백석몽(百石夢)
- 뱀을 보면 매맞는 일이 생긴다.
- 푸른색, 붉고 누런색 구렁이를 보면 인기있는 인물이 된다.
- 검고 붉은 뱀을 보면 구설이 있고 푸르면 길하다.
- 누렇고 하얀 뱀을 보면 관재가 있다.

---

70) (1) 韓建德, ≪꿈의 豫示와 判斷≫, 明文堂, 1981.
    (2) 이운학, ≪꿈 해몽법≫, 孝鍾, 1983.
    (3) 金赫濟, ≪東西古今 解夢要訣≫, 明文堂, 1993.
    (4) 任東權, ≪韓國民俗文化論≫, 集文堂, 1983, 134쪽.
    (5) 정용빈, ≪꿈은 이렇게 해몽한다≫, 松園文化社, 1994.

- 황구렁이를 보면 아들을 잉태한다.(태몽)
- 큰 뱀이 똬리를 틀고 앉아 혀를 날름거리면 꿍꿍이 속이 있는 사람이 자기를 헤치려 하는 징조이다.
- 뱀이 사람을 따르면 아내가 오입을 한다.
- 뱀이 사람을 따라가면 아내의 힘을 얻는다.
- 뱀이 산골로 들어가면 구설이 있다.
- 용과 뱀이 사람을 죽이면 크게 나쁘다.
- 거북과 뱀이 서로 보면 여자가 길하다.
- 뱀을 만지면 부자가 된다.
- 뱀을 보면 돈이 생긴다.
- 많은 뱀을 보면 더욱 일이 잘된다.
- 많은 뱀이 연못 속에서 꿈틀거리면 골동품이나 유물을 얻는다.
- 뱀이 머리를 쳐들고 오면 귀한 자식을 낳는다.
- 뱀이 변하여 용이 되면 귀인이 된다.
- 뱀 또는 이무기가 칼을 가진 사람을 호위하면 귀한 사람이 된다.
- 뱀이 몸, 손, 발 등을 물면 귀인이나 부자가 된다.
- 몸을 감고 있던 뱀이 풀려져 사라지면 가난해질 징조이다.
- 뱀이 사람을 물면 재물이 생긴다.
- 뱀이 사람을 죽이는 것을 보면 남을 헤칠 우려가 있다.

- 화살로 뱀을 맞추면 만사형통이다.
- 뱀이 우물에서 다니면 영화가 있다.
- 용과 뱀이 문에 들어오면 재물이 있다.
- 뱀이 문으로 들어오면 귀자를 낳는다.
- 뱀이 방안으로 들어오면 횡재가 있다.
- 용과 뱀이 부엌에 들면 벼슬을 한다.
- 임신부가 누런 구렁이를 보면 좋다.
- 임신부가 큰 구렁이를 보면 재주가 뛰어난 아이를 낳아 큰 정치가, 사업가, 학자, 작가 같은 인물이 된다.
- 뱀이 오이를 휘감고 있는 것을 고양이가 지켜보면 자기가 다른 여자와 관계하는 것을 아내가 기켜본다.
- 뱀이 칼을 먹거나 삼키는 것을 보면 재물을 얻고 지위가 높아진다.
- 뱀이 호랑이를 잡아먹으면 길하다.
- 구멍을 쑤셔 구렁이가 나타나면 길하다.
- 구렁이에 물리는 꿈을 꾸고 잉태하면 큰 인물이 될 아이를 낳는다.
- 여자 몸에 구렁이가 감기면 훌륭한 배필을 얻거나, 아기를 잉태한다.
- 뱀이 치마 속으로 들어오면 잉태한다.
- 뱀을 보면 딸을 잉태한다.
- 흰 뱀을 죽이는 것을 보면 자기의 경쟁자를 물리치고

승리한다.
- 큰 뱀이 쫓아오면 배우자 마음이 변해 자기를 떠난다.
- 뱀이 변하여 용이 되어 보이면 귀인이 도와서 귀하게 된다.

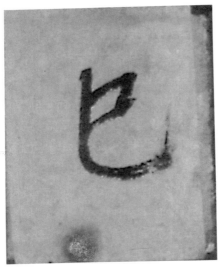

◇ 뱀막이 '巳'를 반립시켜 뱀을 막음. 용인 민속촌

- 독사를 죽이면 싸움에 이긴다.
- 뱀이 몸과 손발에 감겨 들면 재수가 있고 길하다.
- 뱀이 많이 있어 보이면 가만히 할 일이 있게 된다.
- 독사가 도사리고 있거나 기어가는 것을 보면 남에게 미움을 받거나 병이 생긴다.
- 뱀이 사람을 쫓아다니면 아내가 품고 있던 딴 마음이 풀어진다.
- 뱀이 자신의 몸을 감는 것은 돈이 들어오는 곳이 생기

며 타인으로부터 추앙을 받는 일이 있다. 그러나 감고 있던 뱀이 풀려서 사라지면 재산을 잃을 암시이며 불길하다.

- 구렁이가 자신을 문 꿈은 제 3자에게 도움을 많이 받는다.

- 흰 뱀이 나타나는 꿈은 머지 않아 재산이 들어오게 되고 어디에서든지 앞자리에 서게 된다. 그 뱀이 끝까지 따라오는 꿈은 가정적으로나 사회적으로 성공하게 된다.

- 뱀이 사람을 무는 꿈은 대체로 운수가 따르고 머지 않아 재산을 모을 징조이고 귀인의 도움으로 출세의 문이 열린다. 다만, 뱀에게 물려서 사람이 죽는 것은 매우 불길한 징조로 본다.

- 뱀이 둥글게 똬리를 틀고 있거나 기고 있는 꿈은 윗사람에게 신임을 잃을 일이 있거나 남에게 미움을 받는 일이 있다. 또한 질병을 얻어서 고통을 당할 징조이기도 하다.

- 뱀이 사람을 따라다니고 있는 꿈은 사랑하는 사람이나 아내와 이별하는 일이 생긴다.

- 이무기가 칼 찬 사람을 에워싸는 꿈은 이름을 날릴 징조로서 경영하는 일이 뜻대로 추진된다. 특히, 활을 쏘아 뱀을 맞추는 꿈은 운수가 대통하고 재수가 있다.

- 집안으로 뱀이 들어오는 꿈은 귀한 손님을 맞이하거나 기쁜 소식이 온다. 그리고 재물도 모으고 경사가 생기는 길몽이다.
- 독사를 죽이는 꿈은 경쟁자를 물리치고 승리를 한다. 적극적으로 나서면 모든 일이 의외로 쉽게 풀어진다.
- 큰 구렁이 주위에 뱀들이 우글거리는 꿈은 권세를 잡거나 사회단체의 주도권을 쥐게 된다.
- 구렁이를 구워서 토막내어 먹는 꿈은 출판된 서적을 읽고 많은 지식을 얻는다.
- 뱀을 토막내어 먹는 꿈은 자기가 모르는 것을 제 3자를 통해서 알게 된다.
- 수많은 뱀을 연못 속에서 들여다 본 꿈은 유물, 골동품, 금은 보화 등을 얻게 된다.
- 뱀과 성교한 꿈은 계약을 하거나 다른 사람과 같이 동업을 하게 된다.
- 집안으로 뱀이 들어온 꿈은 집안 식구가 늘어나거나 사업상 일이 생기게 된다.
- 뱀이 나무의 줄기처럼 길게 늘어져 있는 꿈은 남의 잔꾀에 넘어가기가 쉽다.
- 큰 구렁이를 죽여 피가 난 꿈은 장애물을 제거하여 뜻과 같이 하는 일이 성사된다.
- 쫓아오던 뱀이 사람으로 바뀐 꿈은 하고 싶지 않은 일

을 회피하려고 하지만 어쩔 수 없이 일을 해주게 된다.

∘ 푸른 구렁이가 숲속에 길게 늘어져 있는 꿈은 이것이 태몽이라면 남에게 선망의 대상이 되는 현명한 자손을 얻는다.

∘ 온몸을 감은 뱀이 혓바닥을 날름거리고 있는 꿈은 악한 사람이 자기에게 피해를 준다.

∘ 수많은 뱀이 길바닥에서 우글거리는 꿈은 이것이 태몽이라면 남을 가르치는 직업을 가질 자손이 출생한다.

∘ 축 늘어져 있는 황색 구렁이가 사라져 버린 꿈은 누군가가 나타나 자신에게 도움은 없이 기분만 불쾌하게 만든다.

∘ 새빨간 뱀이 치마 속으로 들어온 꿈은 이것이 태몽이면 건강하고 정열적인 아이를 얻는다.

∘ 구렁이가 전신을 감는 꿈은 여러 계층의 많은 사람들과 만나게 된다.

∘ 뱀이 자신을 물고 사라진 꿈은 순간적으로 마음의 상처를 받고 남을 통해서 재물이 생긴다.

∘ 많은 황구렁이가 늘어서 있는 꿈은 이것이 태몽이라면 정치가, 사업가, 권력자 등이 될 훌륭한 자손을 얻는다.

∘ 뱀의 몸속에서 이빨을 치료하는 약을 구한 꿈은 뜻밖에 생활에 필요한 필수품이 생기게 된다.

∘ 많은 뱀이 문구멍 사이로 들어온 꿈은 여러 계층의 사

람과 접하게 되고 자신의 신변에 관한 이야기를 타인
에 의해 듣게 된다.

∘ 자기 발을 문 뱀을 그 자리에서 밟아 죽인 꿈은 이것이
태몽이라면 자손에게 나쁜 영향이 미친다.

∘ 큰 구렁이와 관련된 꿈은 이것이 태몽이라면 진취적이
고 재주가 뛰어난 자손을 얻을 것이다.

∘ 구렁이가 허물을 벗고 사라진 꿈은 자신의 잘못을 뉘우
치고 새로운 사람이 된다.

∘ 큰 구렁이가 용마루로 들어간 꿈은 이것이 태몽이라면
공공단체의 주도권을 장악하는 능력이 탁월한 자손을
얻는다.

∘ 뱀의 머리가 여러 개인 것이 물 속에서 노는 것을 본
꿈은 교양 있는 책을 읽거나 귀중한 물건을 보게 된다.

∘ 전신을 감고 있는 뱀을 죽인 꿈은 어려웠던 일들이 순
탄하게 풀리게 된다.

∘ 큰 구렁이가 작은 구멍 속으로 들어간 꿈은 가정에 좋
지 못한 일이 생긴다.

∘ 뱀이 온몸을 감고 턱밑에서 노려보는 꿈은 가까운 사람
으로 기인하여 구속받거나 사소한 말다툼으로 신경을
쓰게 된다.

∘ 치마로 싼 구렁이를 때려 잡는 꿈은 가정에 화근이 생
긴다.

- 온몸에 구렁이가 감겨 있는데 호랑이가 바위로 쳐서 토막을 내는 꿈은 어떤 세력을 꺾거나 협조자와 더불어 일을 성사시킨다.

- 뱀에게 물려 독이 몸에 퍼진 꿈은 자신을 남에게 과시하거나 재물이 생긴다.

- 산 정상에서 구렁이가 몸 전체를 아래로 늘어뜨린 꿈은 이것이 태몽이라면 공공기관 단체에서 두령이 되는 자손을 얻는다.

- 뱀이 구멍에서 머리만 내밀고 헛바닥만 날름거리는 꿈은 관형(官刑)의 액을 당하는 수가 있다.

- 큰 구렁이에게 물린 꿈은 이것이 태몽이라면 큰 사업을 성취할 자손을 얻는다.

- 뱀이 사람을 물거나 몸을 감는 꿈은 대길하여 큰 재물이 생기거나 귀하게 된다.

V. 뱀 띠

1. 지지(地支)와 뱀띠

띠를 이야기하자면 천간 지지(天干地支)의 발생에서부터 시작되어야 할 것이나, 육갑(六甲)과 음양오행(陰陽五行)에 대한 원론적인 이야기는 여기서는 가급적 피하고자 한다. 다만, 필요한 경우를 위해서 간단한 설명을 붙이는 것으로 만족하고자 한다.

자(子), 축(丑), 인(寅), 묘(卯), 진(辰), 사(巳), 오(午), 미(未), 신(申), 유(酉), 술(戌), 해(亥) 등 십이지(十二支)의 각 지(支)에 동물 이름을 배당하여 쓰는 습관이 생긴 것은 중

◇ 해와 달, 12동물을 나타낸 일월십이지도 속의 뱀. 12지간지 여섯번째다

국 후한(後漢)[71] 때부터인데 불교에서 전해진 십이지수(十二支獸)의 영향인 듯하다.[72] 용, 닭, 뱀을 제외하고는 모두 포유동물인 것이 특징이다.

당대(唐代)에는 묘지 둘레에 십이지생초(十二支生肖)를 조각한 것 또는 토우(土隅)를 만들어 배치한 것들이 나타

---

71) ibid. p.190.
72) 李淙煥, ≪누구나 주어진 띠≫, 8면.

나는데 대개 관복에 머리만 동물 모양을 하고 있다.[73]

우리 나라에서는 통일신라 시대에 능묘(陵墓)의 호석(護石)에 십이지신상(十二支神像)을 조각했고[74] 왕릉에는 호석(護石)이 넘어지지 않게 삼각형의 수석을 받치고 그 사이에 따로 십이지신상(十二支神像)을 환조(丸彫)로 세웠다. 그후에는 왕릉에도 괘릉(掛陵)과 마찬가지로 호석면에 양각(陽刻)하였다. 고려 시대에는 입상(立像)뿐 아니라 좌상(坐像)도 나타나는데, 신라의 것이 면석(面石)에 조각한 것과 반대로 안에 끼운 널판 돌에 새기게 되었고 또 음각(陰刻)한 것도 나타났다. 조선조에서도 마찬가지였고 벽화로서 수호신의 역할을 하기도 했다.[75]

도기, 토기, 목기 및 각종 장식물에도 이 문양이 많이 사용되었고 수두인신상(獸頭人身像)이었던 종래의 것이 변하여 온몸이 동물의 형태로 묘사되기도 했다.[76]

십이지(十二支) 사상은 중국, 일본, 중앙 아시아, 네팔 등지까지 광범위하게 분포되어 있다.

출생과 관련해서 띠를 부여하는 것은 지지(地支)이다. 십

---

73) *idem.*

74) *idem.*

75) 民俗大辭典 參照

76) *idem.*

이지(十二支)의 발생의 근원에 대해서는 목성의 공전 주기
12년을 표방한 것이라고도 하고, 북두칠성의 자루가 1년에
12가지의 변화를 하는 데서 비롯된 것이라고도 한다. 중국
의 고력(古曆)에서 태양과 달의 주기 이외에 목화토금수(木
火土金水)의 오성(五星)의 주기를 사용하였고, 그 중에도
목성은 그 주기가 12년이라는 데에 근거하여 세(歲)의 주기
를 12년으로 하고 목성을 세성(歲星)이라 부르게 되었다.77)

12지의 어원은 회남자(淮南子)의 천문훈(天文訓)에 나오
는데, 巳(사)는 고대에는 己(이)와 같은 音으로 쓰여 "생기
어 이미 정해지다"라는 뜻으로, 싹이 터서 이미 만물이 그
형상을 이루고 번무(繁茂)의 최성기에 들어간 것을 의미한
다고 한다.78)

뱀띠는 십이지(十二支) 중 사년생(巳年生)에게 부여되며
생월(生月), 생일(生日), 생시(生時)에도 뱀의 상징이 주어진
다.

뱀띠의 간지는 을사(乙巳), 정사(丁巳), 기사(己巳), 신사
(辛巳), 계사(癸巳)이고, 20세기 중에 뱀띠 해는 1905, 1917,
1929, 1941, 1953, 1965, 1977, 1989년이다.

'巳'(사)는 음양(陰陽)으로는 양(陽)이고 출생시각으로는
오전 9시에서 11시 사이이다. 오행(五行)으로는 火(화)이고

---

77) 金星元, ≪韓國의 歲時風俗≫, 28쪽.
78) 위의 책 41~42쪽.

당해월(當該月)로는 사월(四月)이 되며 방위(方位)로는 330
도(南南西)가 된다.

12지	동물	황도12궁	음양	오행	계절	월	시	방위	색	성질	맛
巳	뱀	황소좌	음	火	봄	4월	9-11시	330도 남남서	赤	禮	쓴맛

*음양(陰陽)의 대응 관계를 참고로 예시하면,[79]

　∘ 양(陽)은 해, 남자, 大, 動, 上, 天, 凸, 一 등에 해당하
　　고,

　∘ 음(陰)은 달, 여자, 小, 靜, 下, 地, 凹, 二 등에 해당
　　한다.

양(陽)	해	남자	大	動	上	天	凸	一
음(陰)	달	여자	小	靜	下	地	凹	二

---

79) 尹太鉉, ≪八字≫, 행림출판, 1986, 346쪽.

2. 뱀띠생

1) 일반적인 견해[80]

- 사물이 앉을 자리에 앉아서 완성되고 충실한 모양을 사(巳)라고 한다.
- 시간으로는 하루의 활동이 본격적으로 시작되는 오전 10시부터 정오를 가리키며 계절은 신록의 4월(양력 5월), 방위는 남(남남동)이다.
- 뱀띠는 충실의 기를 타고 났으므로 사람됨은 비범하며 무슨 일에든지 남에게 기대지 않고 자력으로 해내려고 하며 또한 그만한 지력을 가지고 있다.
- 품위 있고 향상심이 아주 왕성하며 용의주도하나 만족을 모르는 경향이 있고 질투와 시기심이 강하다.
- 뱀띠는 종교적인 면에서는 어떤 박해나 어려움도 극복하고 오직 한 길을 사수해 나간다.
- 정치나 사업에서도 자기 목표를 끝까지 관철시키는 의지와 능력을 갖고 있다.
- 패기와 정력이 넘치며 그때 그때 자기의 모습을 바꾸어

---

80) (1) 김생수, ≪띠를 알면 그 사람이 보이네≫, 청산, 1994.
   (2) 박일현, ≪육갑전서≫, 동양서적, 1990, 52쪽.

행동한다. 인류를 밝은 쪽으로 이끄는 위대한 정치가나 애국자가 있는가 하면 반대로 인류를 지옥으로 끌고가려는 악마의 제자들도 많다.

- 뱀띠는 음양오행에서 음화(陰火)에 해당하는데 음화는 화로의 은근한 온기를 말한다. 따라서 뱀띠는 대체로 주위에 편안함과 따스함을 주며, 화성에는 보도 전달, 자기표현의 세계라는 의미가 있으므로 문자나 음악, 회화 등을 통해서 자신의 세계를 세상에 펼치고 싶은 욕구를 갖고 있다.
- 뱀띠는 저력운이 강한데, 원래 운세가 강해서 타력운(他力運)도 강하다.
- 뱀띠생은 열두 띠 중 가장 가장 사려 깊은 성격을 지닌다.
- 무(武)보다 문(文)을 숭상한다.
- 성품이 고상하고 용모가 단정하고 도덕관념이 강하여 윗사람을 존경할 줄 알고 언행이 바르다.
- 자신의 사생활을 소중하게 여기며 비밀을 잘 드러내지 않는다.
- 남의 공것도 원치 않고, 선심도 베풀기 원치 않는다. (짜다는 평)
- 부지런하고 자유분방하며 붙임성이 있어 외교수단이 좋다.

- 인덕이 없고, 남을 믿다가 낭패를 당하기 쉽다.
- 외부내빈(外富內貧) 격이라 실속이 없고, 일생 남이 모르는 근심이 있다.
- 고진감래(苦盡甘來) 운이라 초년에 부귀를 누리면 중년부터 곤액이 많고, 초년에 고생하면 40이후부터 운이 트여 부귀를 누린다.
- 직업은 철학, 신학, 정치, 사업, 예술 계통이 좋다.
- 亥(해)년에 삼재(三災)가 들어 丑(축)년에 나간다.
- 원숭이띠, 닭띠, 소띠와 슴이 되고 돼지띠, 범띠와는 상충하고 해하며 개띠와는 원진살이 된다.[81]
- 12지신 중 관자재(觀自在)보살(십이지수 중 여섯번 째로 뱀띠에 해당함)[82] : 무지한 인간들을 일깨워 지혜의 등불을 밝혀주고 가르쳐서 올바로 살게 하도록 교육하는 보살이다. 중생을 가르치다가 희귀한 중생을 만나 스스로 막히게 되자 복잡하고 오묘한 중생계에 내려와 모든 중생의 근기를 실제로 체험하고자 관자재 보살은 뱀신이 되어 스스로 광명을 터득해야 하고 학문을 넓히는 성품을 지닌다.

적당히 아는 범주 안에서 중생 교화를 마치지 않고 하

---

81) 박일현, ≪육갑전서≫, 52쪽.
82) (1) 李淙煥, ≪누구나 주어진 띠≫, 15쪽.
   (2) 정다운, ≪人生十二進法≫, 67쪽.

나도 놓치지 않으려고 모르는 분야를 분명히 알기 위해 현장에 뛰어든 성품이다. 모르는 것을 알고자 함이 공부이니 관자재보살은 공부하는 성미이다.

학문을 추구하는 진지한 태도와 모르는 세계에 도전해 가는 추구력이 바로 관자재보살의 기본방향이다. 스스로 깨우침으로 만족함이 아니라 그 문명으로 중생을 가르쳐서 인간의 어두움 속에 광명의 등불을 밝혀주고자 함이니 사회를 제도하려는 개척정신도 동시에 보유하고 있으며 창조 의식도 겸비했다.

불설(佛說) 전생록(前生錄)[83]에 의하면, 사년생(巳年生)은 전세(前世)에서 일월국(日月國)의 천상 사람으로 직책은 문창성군(文昌星君)이었는데 주색이 방탕해서 술주정으로 천상 선녀를 희롱하다가 옥황상제의 꾸지람을 듣고 인간 세상으로 쫓겨났다.

○ 사년생의 성격

∘ 용모가 단정하고 예민하며 쾌활하다.
∘ 글 재주가 있어 일찍 학문을 공부하면 인물이 뛰어나게 된다.
∘ 용맹스럽고 남에게 굽히기 싫어하며 민첩하다.

---

83) 成空道, ≪人生八進法≫, 靑塔書林, 1989, 336~338쪽.

◇ 파리 뽀르뜨 드 샹뻬레 전시장에 만들어 놓은 한 쌍의 거대한 뱀 조각 작품

- 민첩하고 자존심이 강한 반면 질투심도 많다.
- 사소한 일에 성질을 내어 실패하기도 한다.
- 고상하고 온후하며 조심성을 갖고 있다.
- 투기심과 동정심도 많아 인정을 쏟지만 비위가 거슬리면 단호한 결단을 내린다.
- 수단이 능하여 외교를 훌륭히 해낸다.
- 참을성이 있고 잘못한 경우 곧 시정하고 자기의 마음에 맞지 않으면 몸을 버리는 한이 있어도 하려고 하는 성질이 있다.

- 인정이 많으며 신의와 의리를 중히 여기며 남을 잘 도
  와준다.

○ 사년생의 운세

- 일생동안 극심한 고난과 빈곤은 없다.
- 직업은 종교, 문학, 예술 방면에 종사하면 좋다.
- 인(寅), 묘(卯) 생을 만나면 길하고, 해(亥), 자(子), 신
  (申), 유(酉) 생을 만나면 안 좋다.
- 40세가 지나야 부귀를 누리게 되며 동방(東方)으로 이
  사하는 것을 피하는 것이 좋다.
- 분한 일이 생겼다고 성질을 부리거나 모함하면 안 좋
  다.
- 색정으로 인해 원한을 사면 크게 마음 상하는 일에 걸
  려든다.
- 타향에 가야 성공한다.
- 일찍 공부를 해서 학문을 닦았으면 관록을 얻게 된다.
- 신병이 자주 따르고 초년에는 풍파가 일지만 이겨나가
  면 점점 넉넉해진다.
- 일을 잘 판단하기 때문에 항상 따르는 사람이 많고 도
  와주는 사람도 많다.
- 종교, 예술, 문학 또는 교육자가 좋다.

○ 사년생의 부모궁

- 언뜻 보기에 남들은 부유하고 넉넉한 생활을 하는 것 같이 여기겠지만 사실은 그렇지 않다.
- 육친의 경제적인 재물이 넉넉하지 않아 자신이 도와주어야 할 실정이다.
- 일찍 부귀공명했다면 수명이 짧을 수도 있다.
- 부모에게는 효성이 지극하고 행실이 단정해서 이웃들 간에 칭찬을 받는다.
- 자수성가할 운이며 유산이 넉넉해도 자신이 노력해서 영화를 누려야 한다.

○ 사년생의 부부궁

- 다소 성격이 맞지 않는다고 해도 참아내며 이별수가 따른다 하여도 예방해 나간다.
- 자식은 4~5형제가 운이며 그렇지 않으면 2남 1녀를 두게 되는데 아이들이 불효할 수도 있다.
- 부부간에는 초혼에는 간간이 풍파가 있으나 중년을 지나면 화목해진다.

○ 사년생의 명부

• 수명은 56세를 넘기면 75세를 넘게 살 수 있으며, 명부
  에 들면 기사생은 제 4전 오관대왕에게, 계사생은 제 2
  전 초강대왕(화탕지옥)에게, 을사생은 염라대왕(발설지
  옥)에게, 정사생은 도시대왕에게 나가 심판을 받는다.

2) 오행에 따른 성격[84]

(1) 금(金) : 신사생(辛巳生)

• 계산능력이 뛰어나고 이지적이며 강한 의지력을 가지고
  있다.
• 기회를 찾아내는 데 식별력과 날카로운 눈을 가지고 있
  어 혼자서 계획을 세우기를 좋아한다.
• 재빨리 조용하게 움직이기를 좋아하고 다른 사람이 막
  을 기회를 주지 낳고 안정된 위치에 자리 잡는다.
• 뱀의 성격과 결합된 쇠(金)는 호화스럽고 편안한 삶을
  갈망하게 한다. 그러므로 부와 권력을 추구하는 데 열
  성적이다.

---

84) ≪옛 조상의 삶풀이≫, 흑룡강 조선민족출판사, 155쪽.

∘ 목표가 분명하고 위대한 것이며 모든 것에서 최고의 것
  을 얻고자 갈망한다.

∘ 감추는 게 많아서 파악하기 어렵고 자부심이 대단히 강
  하다. 그래서 다른 사람들에게 감추어진 동기가 있나
  의심하고, 심하면 편집증을 보인다.

∘ 권력과 영향력을 휘두를 수 있는 능력을 가지고 있음에
  도 불구하고 시기심이 강하여 상대방보다 계속적으로
  우월하고자 노력하는데 경우에 따라서는 수단과 방법
  을 가리지 않으며 결코 패배나 실패를 인정하려고 하
  지 않는다.

∘ 소유욕이 강하고 뽐내기 좋아하며 때로는 남과 이야기
  하기를 좋아하지 않는 이들은 자신의 진로를 일찍 정
  하고 헌신적으로 거기에 집착한다.

∘ 다른 사람들에게 관대하고 협력하기도 하지만 늘 경계
  심을 늦추지 않고 있다.

(2) 수(水): 계사생(癸巳生)

∘ 물이 모든 방벽을 뚫고 스며드는 것처럼 이해에 태어난
  사람들은 깊은 통찰력을 가지고 넓은 영향력을 미친다.

∘ 빈틈 없고 사업에 관심이 많고 물질적인 취향이 강한
  이들은 강한 정신력과 집중력이 있다.

- 산만하지 않으며 효율적인 전체적 계획을 위하여 중요하지 않은 문제들은 무시해버린다.
- 결코 자신의 목표에서 눈을 떼지 않으며 현실에서 벗어나지 않는다.
- 예술적이고 지식이 풍부하고 이지적이며 실제적이다.
- 재정을 다루는 데 있어서 뿐만 아니라 사람을 다루는 데도 숙달되어 있다.
- 외면상 평정을 유지하고 있으면서도 실제로는 오래된 기억과 적의를 일생동안 품고 있다.
- 용과 같은 인내심과 함께 사나운 공격성도 가지고 있다.

(3) 목(木): 을사생(乙巳生):

- 지혜를 타고났고 사건들의 진행을 예견하고 이해할 수 있는 진지한 능력을 가지고 있다.
- 완전한 이지적 자유를 요구하지만 자기가 좋아하는 것에 대해서는 변함없고 지속적이다.
- 재정적 안정 뿐만 아니라 정서적 안정도 추구한다.
- 자신을 잘 표현하며 설득력 있는 웅변가로 될 수 있다.
- 자신이 바라는 대상이나 사람들을 따라다니기보다

횃불처럼 빛나서 많은 사람들의 매력을 끈다.

(4) 화(火)∶ 정사생(丁巳生)∶

- 열정적이고 노련하며 심신이 모두 활동적이며 힘차게 일한다.
- 자신감과 지도력이 발산되어 나온다.
- 다른 사람들의 이야기에 귀를 기울이기도 하고 다수의 견해를 존중하기도 하지만 본성상 몹시 의심이 많고 오로지 자기 자신만을 신뢰한다.
- 남을 쉽게 나무라고 비난하는 경향이 있으며 때때로 제한된 범위의 친구나 충고자들과만 접촉하여 자기도 모르는 사이에 자신을 고립시킨다.
- 거의 광적으로 강한 명예와 부·권력에 대한 갈망은 실제적인 결과에 집착하게 만든다.
- 침착하고 고집이 세어 자기의 시각을 높은 목표에 두고 있으며 일단 정상에 오르면 영원히 그 권력을 놓지 않으려 한다.
- 뱀띠 중에서도 가장 관능적이고 열정적이며 질투심이 많다.
- 애증을 지나치게 드러내며 매우 자기중심적이다.

(5) 토(土): 기사생(己巳生):

○ 이해가 느리지만 정확한 의견을 갖게 되는 따뜻함과
  자연스러운 성격이다.

○ 혼란과 공포의 시기에는 자신을 잘 조절할 수 있고
  현실에 잘 대처한다.

○ 이들을 위해 무엇을 하게 하기는 쉽지 않으며 대중
  들의 의견에 영향을 받지도 않는다. 자신들의 판단
  에 의해서만 행동한다.

○ 모든 뱀띠 중에서 가장 품위 있고 매혹적이다.

○ 침착하고 냉정한 데다가 강한 매력을 가지며 우정에
  충실하여 많은 지지자가 주위에 있다.

○ 신중하고 검약하며 열심히 일하고 체계적이며 은행,
  보험 등 금융업이나 부동산 투자에 성공할 수 있다.

○ 자신의 한계를 잘 알아서 지나치게 무리하지 않도록
  조심한다.

3) 뱀띠생과 생시(生時)[85]

(1) 자시생(子時生: 23~1시):

∘ 상냥하고 친절한 말솜씨를 가지고 있어서 사기꾼이 되기 쉽다.

∘ 돈 문제를 포함한 모든 일에서 감정적이다.

∘ 마음이 일정치 못하여 변덕이 심하고 무슨 일에나 자기 마음대로 하기를 좋아한다.

∘ 고향을 일찍 이별하고 타관에서 산다.

∘ 십일세, 십팔세, 삼십육세, 사십육세, 오십팔세, 팔십구세는 실패수가 아니면 신병을 얻는다.

(2) 축시생(丑時生: 1~3시):

∘ 분명하지 않은 성격과 매력 뒤에 고집이 숨어 있다.

∘ 황소처럼 힘과 의지를 가지고 있다면 다루기가 매우 어렵다.

∘ 부모와는 인연이 박하다.

∘ 십구세, 이십육세, 삼십일세, 삼십칠세에 주의하고 칠십

85) (1) 위의 책 158~159쪽.
(2) 박일현, ≪육갑전서≫, 동양서적, 1990, 61~63쪽.

삼세에는 큰 액이 있다.

(3) 인시생(寅時生: 3～5시):

· 따뜻하지만 변덕스런 성격을 가져 성격이 급하고 강하다.
· 뱀도 호랑이도 모두 의심이 많으므로 다른 사람에게 생각지 않은 비난을 하는 수도 있다.
· 육친과의 인연이 박하여 초년은 신고가 많으나 청년 시절부터 말년까지 계속 발전한다.
· 이십육세, 이십구세, 삼십삼세, 삼십구세, 사십구세가 되는 해는 손재 질병이 있다.

(4) 묘시생(卯時生: 5～7시):

· 상냥하고 달콤하게 이야기하지만 일단 화가 나면 무섭다.
· 거래할 때 그에게 손해를 끼치지 않도록 조심해야 한다.
· 부자와의 인연이 박하다.
· 이성 교제가 능하여 이성으로부터 적지 않은 도움을 받는다.

- 중년까지는 매사에 뜻대로 되지 않으나 말년은 운이 트인다.
- 십육세, 이십칠세, 칠십이세는 큰 재앙이 있다.

(5) 진시생(辰時生: 7～9시):

- 박애 정신이 있다.
- 지혜와 용기가 충분하여 실제적이고 성과 있는 개혁들을 추진할 수 있다.
- 선한 일이건 악한 일이건 그가 하는 일은 항상 완벽하다.
- 성품이 강하여 남의 말을 용납치 않고 처자와도 화목을 이루기 어렵다.
- 운세가 좋아 경영하는 일은 성취한다.
- 십칠세, 이십칠세, 삼십사세, 삼십구세는 액년이다.

(6) 사시생(巳時生: 9～11시):

- 소유욕이 강하고 수수께끼 같은 성격이어서 지극히 이해하기 어려운 성격이다.
- 자기보다 앞서 있는 사람을 잡으면 결코 나아가도록 놓아주지 않는다.

- 재주가 있으며 운이 길하여 만사가 여의 하니 의식주에 궁색함이 없다.
- 형제간의 인연은 박하다.
- 삼십일세, 삼십오세, 사십칠세는 크게 다치거나 중병을 앓게 되거나 재산을 크게 탕진하게 된다.

◇ 출생 전의 라신의 품고 있는 툼뱀 이집트 신화

(7) 오시생(午時生: 11~13시):

- 인생을 낙관적으로 산다.
- 말과 뱀이 그렇듯이 매우 바람기가 많은 남녀가 되기 쉽다.
- 화려한 것을 좋아하고 의협심이 많아 남의 일도 자기일 같이 생각한다.

- 개혁을 좋아하여 사업 및 직장을 자주 바꾸는데 여색에 빠지지 않으면 큰 실패는 없다.
- 삼십삼세 이후는 더욱 길하다.
- 삼십세, 삼십이세, 사십사세는 액년이다.

(8) 미시생(未時生: 13~15시):

- 여성적이고 완벽한 재능을 지닌 예술가가 되기 쉽다.
- 상냥한 반면 약삭빠른 성격이 숨어 있다.
- 부부의 인연이 박하며 편친 슬하에서 고생하며 자란다.
- 중년까지는 근심이 많으나 삼십팔세부터는 의식의 구애가 없고 안락하며 만사가 순조롭다.
- 육십세 전후가 되면 영화롭다.
- 십오세, 이십오세, 사십칠세를 주의하라.

(9) 신시생(申時生: 15~17시):

- 건강하고 천재적인 두뇌를 갖는다.
- 매우 강한 영향력을 가지고 있다.
- 지혜와 매력이 완벽하게 섞여 있으며 자신이 이길 수 없는 겨룸은 절대 하지 않는다.
- 부모덕이 적다.

∘ 십이세, 이십삼세, 사십이세에 재앙이 있다.

(10) 유시생(酉時生: 17~19시):

∘ 쾌활해 보이는 외모 밑에 절대적 권력을 가지려는 성격
  의 소유자이다.
∘ 고집이 세고 통찰력이 있다.
∘ 초년부터 중년까지는 매사가 뜻대로 되지 않으나 사십
  세를 지나면 차차 운이 트인다.
∘ 사치하는 마음과 이성 교제를 삼가하면 안정된 생활을
  누린다.
∘ 이십이세, 이십팔세, 삼십구세는 재앙이 있다.

(11) 술시생(戌時生: 19~21시):

∘ 강한 신뢰와 도덕을 지닌 충실한 성격이다.
∘ 이지적인 경우가 많다.
∘ 성질이 박정한 듯하나 슬기롭고 재주가 교묘하다.
∘ 성패수가 많으나 생활에는 궁색함이 없다.
∘ 초년부터 중년까지는 비교적 안락하고 삼십삼세 이후부
  터 신고가 따른다.
∘ 삼십오세, 사십팔세, 오십칠세는 흉하다.

(12) 해시생(亥時生: 21~23시):

- 술, 여자, 노래 등을 즐기는 방법을 안다.
- 그것에 빠지지 않을 수 있을 만큼 영리하다.
- 정직하고 자비심이 많아 인정 배풀기를 좋아한다.
- 집에 있는 날이 적고 멀리 왕래하며 분주한 세월을 보낸다.
- 이십사세와 삼십이세는 액년이다.

4) 뱀띠생과 생일[86]

(1) 일일, 칠일, 십삼일, 이십오일 생:

- 금전의 구애는 받지 않고 귀인의 도움이 있다.
- 초년은 평탄히 지내며, 십구세와 이십오세는 일신에 영화가 있고 복을 누리며 양친과의 인연도 있다.

(2) 이일, 팔일, 십사일, 이십일, 이십육일 생:

- 지식이 만인을 누르고 그릇이 크다.

---

86) 박일현, 《육갑전서》, 동양서적, 1990, 60~61쪽.

• 부모와의 인연이 적어 초년에 고생이 많은데 일찍 부모 곁을 떠나 타관에서 고생하는 수가 많으며 중년 후에 는 운이 열린다.

• 인덕이 없다. 이십일세와 삼십삼세가 길운이다.

(3) 삼일, 구일, 십오일, 이십일일, 이십칠일 생:

• 가정이 화목하고 식복도 있다.

• 부부간에 이별수가 있으나 이로 인해 재산을 날리지는 않는다.

• 초년에 고생을 하다가 차츰 좋아져서 말년에 이르면 부귀하다.

• 사십세와 사십오세가 열리는 운이다.

(4) 사일, 십일, 십육일, 이십이일, 이십팔일 생:

• 학문을 즐겨하나 깨달음이 둔하여 대학자는 되지 못하나 손재주가 있어 기술 계통에 전공하면 크게 성공한다.

• 금전상의 궁핍은 없다.

• 삼십 전후에 재산을 크게 탕진하고 삼십칠세부터 다시 모이기 시작한다.

(5) 오일, 십일일, 십칠일, 이십삼일, 이십구일 생:

∘ 지식이 풍부하며 결단성이 있어 학문 관직 사업 기술계

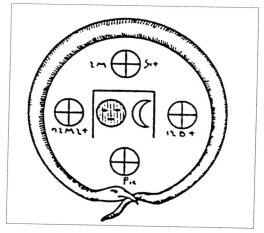

등 어느 방면으로 나가거나 성공한다.

∘ 친척과의 관심이 적은데 금전에는 궁색함이 없다.

∘ 이십사세와 삼십육세는 뜻밖에 재물이 들어오

콥트인의 우주 뱀이 태양, 달과 사방을 둘러쌈.

고 아니면 관직이 영전되거나 경사를 본다.

(6) 육일, 십이일, 십팔일, 이십사일, 삼십일 생:

∘ 지혜와 재주가 있다.

∘ 학문을 닦았으면 학자가 될 것이며, 성질이 강직하고

용맹하며 사물에도 밝다.

· 운이 길하여 초년부터 말년에 이르기까지 심한 고생이
  없고 삼십팔세 이후는 운이 대통하여 입신양명한다.

5) 뱀띠생과 생월[87]

(1) 정월생:

· 운세가 돋는 태양처럼 빛나고 성한다.

· 재주 있고 운이 성하며 귀인의 도움이 많다.

· 욕심이 지나치고 포부가 지나쳐서 일이 마음과 같이 안
  되는 때가 많다.

· 친절하고, 사람 도와주기를 좋아하고, 남에게도 도움을
  받아 사방에서 재물을 모음으로 부자가 되어 편안히
  생애를 누리며 일생중 큰 근심은 없다.

· 화려한 곳을 좋아하지 않는 편이다.

· 색갈이 어둡고 단순한 디자인의 옷을 즐겨 입는다.

· 모나지 않는 성격에 쾌활한 면이 있어서 남들의 호감을

---

87) (1) 박일현, ≪육갑전서≫, 56~60쪽.
    (2) 成空道, ≪人生八進法≫, 166~174쪽.
    (3) 김생수, ≪띠를 알면 그 사람이 보이네≫, 91~101쪽.

산다.

- 윗사람이나 동료, 손아래 사람들까지 모두가 신뢰한다.
- 노력해서 진로를 개척할 운이며 30세가 지나면 비약적인 성공의 기회가 온다.
- 저축심이 강하나 투기성 투자를 삼가해야 한다.
- 학자나 작가, 인생 상담역, 의사와 간호원 처럼 잔신경을 써야 하는 직업이 어울린다.
- 애정 면에서는 연애보다 중매결혼이 유리하다.
- 마음의 결정을 내릴 때까지 많은 시간을 끄는 편이다.
- 여성은 보호자 역할을 할 수 있는 배우자가 필요하다.
- 손윗사람과 결혼하되 5살 이상의 나이 차이가 있어야 안정된 생활을 누린다.
- 남성은 비슷한 성격을 가진 여성이 어울린다.
- 화려한 면보다 행동력이 강한 여성을 좋아한다.
- 원숭이띠 2월생이나 뱀띠 8월생인 여성과 부부 운이 좋다.
- 여성은 소띠 7월생 또는 12월생의 남성이 좋다.

* 아래는 양력 2월생의 운세이다.
- 두뇌 회전이 빨라서 모든 일을 척척 해내는 활동가이며 무엇인가를 선택할 때에도 망설이지 않고 기분에 따라 곧 결정을 내린다.

- 지도자로서 조직이나 사람들을 이끌어 가는 능력이 뛰어나다.
- 한 가지 사실을 여러 가지 시점에서 보는 것에 서툴기 때문에 종종 치우친 생각에 빠지기 쉽다.
- 폭넓은 착상을 잘하는 보좌역이 필요하다.
- 자신의 일에 너무 신중한 나머지 잘 앞으로 나아가지 못한다.
- 연예 면에서는 늦되기 때문에 자신의 마음을 털어놓기까지 너무 지체하다가 적절한 기회를 놓쳐버리는 수가 있다.
- 색채 감각이 뛰어나므로 그래픽 디자이너, 스타일리스트, 인쇄업 등 직업이 어울린다.

(2) 이월생:

- 겉으로는 좋은 척하나 속으로는 그렇지 않으며 경우를 잘 가려 판단을 냉정히 한다.
- 이성 교제가 능하고 따라서 이성에게 후하여 친척간에는 소홀하므로 친척과 불화하고 육친과도 정이 없어 타향에서 세월을 보내는 팔자.
- 뜻과 같이 소원성취를 하지는 못한다.
- 의외의 도움을 받거나 의외의 일을 해냄으로써 남들을

깜짝 놀라게 한다.

- 40세부터 소망이 성취되며 차츰 재산이 늘어 오십이 넘으면 안락하게 지낸다.
- 매년 이월과 십이월은 근심이 많은 달이다.
- 쉽게 변화를 보이는 성격이다.
- 일을 착수했다가 단숨에 해치우지 못하고 싫증이 나서 포기하는 일이 많다. 기분에 따라 움직이는 경향이 있어서 빨리 뜨거워졌다가도 금새 식어버리는 열정을 가지고 있다.
- 투지가 무척 강하므로 아집과 자신의 변덕스러운 성격을 잘 조화시키면 일찍부터 인정을 받을 수 있다.
- 경제적으로는 중류 정도의 생활을 하게 되며 축재 운은 없다.
- 남성은 가정에서 자기 고집을 앞세워 제멋대로 굴기 쉽다.
- 밖에서는 가정을 위해 열심히 땀 흘리는 노력형으로 좋은 가정을 이루어 간다.
- 자기를 따뜻하게 감싸주는 모성적인 여성을 아내로 맞이하면 적합하다.
- 토끼띠 3월생인 여성과 맞는다.
- 여성은 결혼한 뒤에도 취미 활동에 적극 참여하기를 원하는 형이다.

- 이에 잘 협조해 줄만한 관대함과 경제력을 갖춘 남성을 배필로 함이 좋다.
- 호랑이띠 4월생이나 돼지띠 1월생이 좋다.
- 학습 능력에 경이적인 면이 나타난다든지, 미래의 일을 예언한다든지 하는 놀라운 일을 해내는 사람도 있다.

* 아래는 양력 3월생의 운세이다.
- 분위기를 조성하는 데 소질이 있다.
- 평소에도 주위에 있는 사람들에게 접대에 신경을 쓴다.
- 이성에 대한 이상이 높고 특히 겉모습에 치우치는 편이다.

(3) 삼월생:

- 정직하고 너그러우므로 윗사람과 여러 사람들에게 신임과 인심을 얻어 출세도 하고 성공도 한다.
- 화려한 생활을 즐겨 낭비가 심한 탓으로 많은 재산을 없애고 곤궁에 빠질 우려가 있으므로 너무 편한 생활과 사치성을 버리고 검소하게 살면 더욱 발전한다.
- 초년 후에는 고생이 끝나고 중년부터 점점 서광이 비쳐오기 시작하여 사십세가 지나면 만사가 형통이다.
- 삼십세, 사십세, 그리고 매년 6월을 조심하라.

- 무슨 일에든지 일단 회의를 가져본다. 그러나 혼자 생각하는 내성적인 사람이다.
- 차분하게 가라앉은 정서를 가진 사람이기도 하다.
- 타고난 재능을 개발하여 두뇌와 정서를 잘 살리면 사회적으로 크게 빛을 볼 수가 있다.
- 재능을 인정받아 정상에 올랐으나 금전 운이 없을 경우도 있다.
- 정의감이 강하여 일을 수행하는 데 책임감도 투철하다.
- 엉뚱하게 실패의 책임을 뒤집어쓰는 일이 있기 쉽다.
- 기획자로서 재능을 발휘하는 사람이 많다.
- 남성은 여성에 대해 의심을 갖는 편이어서 쉽게 마음을 열어주지 않는다.
- 양띠 4월생인 여성이 어울린다.
- 여성은 꿈이 많다.
- 남자의 수려한 용모나 재력 또는 사회적인 명성과 지위를 기준 삼아서 배필을 고른다.
- 상냥한 성품을 가진 사람이 더 어울린다.
- 닭띠 2월생인 남성과 좋은 부부가 될 수 있다.

* 아래는 양력 4월생의 운세이다.
- 성질이 급하고 경솔한 면이 있지만 열심히 일하고 무슨 일이든 신중하게 대처하므로 윗사람이나 선배의 신용

을 얻어서 출세의 길을 달린다.

- 발상도 긍정적이고 건설적이며 이해관계를 잘 조정하는 기술도 뛰어나 하나의 사업을 이룩하기 위한 자질을 충분히 갖추고 있다.
- 자존심이 높고 잘난 척을 하는 경향이 있다.
- 신랄한 말을 입에 담는 경우도 있으므로 다른 사람에게 상처를 줄 수도 있다.
- 말이 많은 성격이다.
- 특히 술을 좋아하는 사람이 많다.
- 남녀가 다 집이나 일터를 자주 옮기는 편이며 결혼도 만혼이 되기 쉽다.
- 원예나 토목건축 관계 외에 대중을 상대하는 장사를 하는 것이 좋다.

(4) 사월생:

- 성품이 유순하고 마음이 약하다.
- 과단성과 용기가 부족함으로 큰 일은 성취하기가 어려우나 인심이 후하고 교제가 능하여 사방에 친구와 도와주는 사람이 많다.
- 여색을 탐하여 여자 때문에 손해를 보기도 하고 일확천금을 꿈꾸어 허망한 일을 경영하다가 실패를 당하기도

한다.

- 분수를 알아서 허욕을 버리고 여색을 주의할 것이며 굳은 마음으로 끈기 있게 밀고 나가면 상당한 발전을 하여 행복하게 살 것이다.
- 삼십 후로 점차 운이 열려 사십오세를 지나면 태평하다.
- 이십팔세와 시월은 흉하다.
- 지도자로서 뛰어난 자질을 갖는다.
- 동료 중 제일 먼저 승진하며 자신의 독자적인 사업을 시작할만한 경력이 쌓일 때까지 방황하지 않고 일에만 열중한다.
- 착실하게 능력을 인정받아서 중역으로 발탁되기도 한다.
- 마흔 살이 지나면 재산을 모아 상류층의 생활을 하게 된다.
- 두 여성 사이에서 갈등을 느끼게 되는 사람이 있다.
- 출세와 사업에만 노력하다가 사교술이나 처세술에 결함이 생긴다.
- 재치와 기지가 풍부한 여성을 아내로 맞이할 필요가 있다.
- 소띠 8월생이나 토끼띠 1월생인 여성이 좋다.
- 여성은 연애를 하고 있는 도중에 중매 혼담이 들어온

다.

· 마음을 결정하기 어려울 때는 연애를 밀고 나가는 것이
바람직하다.

· 원숭이띠 4월생이나 닭띠 4월생인 남성과 궁합이 맞는
다.

· 결혼 초기에는 경제적인 곤란이 있지만 5년을 고비로
여유 있는 생활을 하게 된다.

· 혈액순환 계통의 질병을 얻지 않도록 주의해야 한다.

· 여성은 산후 조리에 특히 신경을 써야한다.

* 아래는 양력 5월생의 운세이다.

· 눈에 확 띄는 화려한 면을 갖고 있으며 주위에 편안함
과 안정을 가져다 준다.

· 비범한 재능을 갖고 있으며 탐욕스러울 정도의 향상심
과 면밀한 계획성과 끈기로 한 가지 일에 몰두하면 큰
업적을 이룰 수 있다.

· 자존심이 강하고 남에게 지기를 싫어하기 때문에 인간
관계에 영향을 미치고 생각지도 못한 적을 만들어 그
로 인해 도중에 좌절하게 되는 수가 있다.

· 두뇌가 명성하고 감수성이 풍부하다.

· 이성과의 교제는 우여곡절은 있지만 성실한 애정을 갖
고 있는 만큼 마지막에는 행복한 결혼에 도달할 수 있

다.

∘ 화가, 음악가, 작가, 학자, 정치가 등이 적당한 직업이
다.

(5) 오월생:

∘ 성품이 온화하고 어질고 의협심이 많다.

∘ 측은한 마음이 우러나 도와주기를 즐겨한다.

∘ 남의 일 때문에 자신을 돌보지 못하는 수가 많아서 엉
뚱한 괴로움을 당하기도 한다.

∘ 일찍부터 학업에 정진하면 학자가 되고, 공명에 힘을
쓰면 출세한다.

∘ 우두머리가 될지언정 남의 밑에 들어 아랫사람 노릇을
하지 못한다.

∘ 허망한 일을 경영하지 마라.

∘ 매사에 진실하고 안전성 있는 일만 골라 착수하면 상당
한 발전이 기대된다.

∘ 삼십팔세부터 점차 길운이 들어 오십삼세에 자손, 재물,
직장, 사업, 가정 등 만사에 근심이 없어진다.

∘ 매년 사월은 불길하다.

∘ 한 가지 일에 열중하면 다른 일에 별로 신경을 쓰지 않
는다.

- 자기의 의견을 고집스럽게 내세워 자기밖에 모른다.
- 행동에 지속성이 없어 중도에 그만 두는 일이 있다.
- 그러나 이런 일이 자극제가 되어 한 방면의 독특한 인물이 되는 경우가 많아 학구파인 사람이나 체력이 약한 사람의 경우가 그렇다.
- 술버릇이 고약하다.
- 정열적인 사랑을 한다. 이런 경우 30세가 지나면서부터 부부 사이에 금이 간다.
- 여성은 돼지띠 4월생인 남성과 궁합이 맞으며 남성은 호랑이띠 5월생이나 용띠 5월생인 여성과 좋은 인연이 된다.

* 아래는 양력 6월생의 운세이다.
  - 남에게 지기를 싫어하고 고집스러운 면이 있어 일단 행동으로 옮기면 투쟁심을 드러내면서 최선을 다한다.
- 출발은 좋지만 끈기가 지속되지 않는 것이 결점이다.
- 호기심이 왕성하고 여러 가지 일에 흥미를 나타낸다.
- 상냥하고 솔직한 편이며 정을 쏟는 사람을 너무 믿은 나머지 배신을 당하기도 한다.
- 변덕이 심하고 정열적이므로 이성 문제로 갈등을 일으키는 수가 많다.
- 정치가, 종교가, 평론가 등 대중을 이끄는 직업이 어울

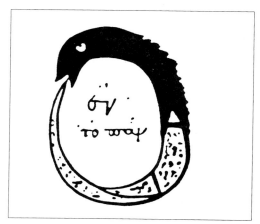

◇ 우로보로스 뱀 "하나는 전부이다."라는 구가 있음. 10세기 그리스

린다.

(6) 유월생:

∘ 상냥하고 애교 있고 영리하며 지혜와 재치가 뛰어나 교묘한 재간을 지니고 있다.

∘ 결단성이 있어 무슨 일이든지 끊고 맺음이 분명하여 사람들로부터 신망을 얻는다.

∘ 급한 성질과 허황한 뜻이 있어 무턱대고 착수했다가 실패를 당하는 경우가 많다.

∘ 물려받은 업은 어렵고 일단 실패한 뒤에 가업을 중흥시키는 운이다.

∘ 무슨 일에나 자신이 직접 나서지 말고 유능한 사람을 시켜 간접적으로 처리하도록 하면 성공이 빠르다.

∘ 삼십일세부터 운이 열려 점차 발전한다.

∘ 삼십육세 되는 해와 매년 삼월을 조심하라.

- 행동이 민첩하고 현명한 판단력을 가졌다.
- 성격은 명랑하며 친절하다.
- 일찍 결혼하거나 아주 늦게 하는 결혼 운을 가지고 있다.
- 집착력이 없고 남의 일에 지나치게 참견한다.
- 낭비벽이 심한 사람이 있어 교재비 지출이 많다.
- 여성은 비교적 사치를 좋아한다.
- 여자를 속이는 건달보다 무능하고 의지하려 드는 남성을 특히 경계해야 한다.
- 생활에 규모가 없는 사람과 결혼하면 일생동안 고생한다.
- 뱀띠 10월생이나 개띠 8월생인 남성이 좋다.
- 남성에게는 호랑이띠 10월생인 여성과 행복한 결혼 운이 있다.

* 아래는 양력 7월생의 운세이다.
- 겉으로는 점잖고 느긋한 인상을 풍기지만 다른 사람에 대한 마음 씀씀이가 깊어서 한번 만난 사람은 누구든지 마음이 끌리게 된다.
- 사람들과의 관계를 매우 중요시하며 이해 관계를 따지지 않고 사귀기 때문에 그 인간 관계가 앞으로의 삶에 귀중한 보물이 된다.

- 재주는 없는 편이지만 천부적인 인내력으로 꾸준히 노력을 하므로 견실한 인생을 보낼 수 있다.
- 현실주의적인 삶을 존중한다.
- 생각이 깊어 이성에게도 인기가 있다.
- 결혼을 하면 남성은 가정의 행복을 지키는 좋은 남편이자 아버지가 되며 여성은 현모양처가 되지만 아이들에게는 과보호를 하는 엄마가 되기 쉽다.
- 공무원, 은행원, 교사, 농축산업이 좋다.

(7) 칠월생:

- 일에 꼼꼼하고 치밀하며 이기적이고 독선적이어서 남을 도와주는 듯 자비심을 베푸는 듯하면서도 욕심 때문에 손해보는 일은 절대 하지 않으며 무슨 일에나 마음 내키는 대로 해나가므로 남에게 귀염을 받지 못하는 경향이 있다.
- 놀기를 좋아하여 근면성이 부족하고 몸을 무척 아끼는데 그것보다도 이성 교제가 많아 가정 불화가 잦다.
- 이십팔세에 좋은 사업과 가정을 세우지 못하면 기회를 잃는 것이 되고 사십이세는 액년이며 매년 정월은 흉하다.
- 유연한 사고방식으로 남의 기분을 잘 헤아려 맞출 줄

아는 사람이다.

- 내면의 확고한 자기의 주관도 가졌으며 결백한 것을 좋아한다.
- 치밀한 계획성과 섬세한 감각으로 맡은 일을 하는데 겉으로 드러나지는 않지만 핵심 분야에서 활약한다.
- 상사의 신뢰를 받으면서도 작은 불만들이 쌓여 직업을 바꾸려 한다.
- 독립을 하거나 전직을 하는 것보다는 하던 일을 계속하는 편이 유리하다.
- 새로운 분야를 맡아서 불만을 해소하는 것도 좋다.
- 여성은 예민한 성격의 남성을 배필로 삼으면 피곤하다.
- 가사에 일일이 참견하는 남성과는 어울리지 않는 성격이다.
- 오직 바깥 일에만 충실하고 가사에는 무관심한 남성이어야 한다.
- 닭띠 1월생이나 호랑이띠 10월생인 남성과 연분을 맺으면 좋다.
- 남성은 자기의 주장을 마음 속에 담아두지 않고 모두 표현해 버리는 면이 있으므로 말수가 적은 여성과 결합하는 것이 좋다.
- 호랑이띠 2월생인 여성이면 가정에 평화와 행복이 있을 운이다.

* 아래는 양력 8월생의 운세이다.
• 기민한 행동력과 뛰어난 지도력을 갖고 있다.
• 사교성이 넉넉하고 앞을 내다보는 눈이 있으므로 착실하게 노력하면 대성한다.
• 남의 일에 나서기를 좋아하며, 빈틈이 없기 때문에 상사나 유력자의 눈에 들기 쉽다.
• 교제 범위는 넓은 편이지만 겉핥기식 교제이며 그날의 기분에 따라 하는 말이 달라지므로 친밀한 관계를 만들지 못한다.
• 성격상 이성 문제를 포함한 인간 관계의 갈등은 대부분 술자리에서 일어나기 쉽다.
• 증권, 판촉, 광고 계통이 어울린다.

(8) 팔월생:

• 성질이 완고하고 융통성이 부족하여 애당초 부유한 가정에 출생했거나 이끌어 주는 친지가 있어 일찍 좋은 관직을 얻었으면 무방하나 그렇지 않은 경우는 살아나가기 힘들다.
• 믿는 재주가 있어 한번 자기가 하고자하는 일은 어떤 어려움이 있어도 해내고야 만다.

- 중년에 고생이 많으나 삼십오세를 지내면 차츰 좋아지기 시작하여 말년에 안락한 세월을 보낸다.
- 매년 오월은 흉하다.
- 다양한 성격의 소유자이다.
- 성급하면서도 변덕스럽고 외향적이며 사치를 좋아한다.
- 소박한 인간미도 있어서 주위 사람들과 조화를 이룰 수 있다.
- 뛰어난 직관력이 있어 위험한 순간을 모면할 줄도 안다.
- 지도력이 있어 통솔자가 되고 사회에 나오면 유능한 인재로서의 길을 걷는다.
- 남성들은 처음부터 자신의 취향과 맞지 않는 여성은 거들떠보지도 않는다.
- 외모의 조건을 상세하게 관찰해서 균형미를 갖춘 미인일 경우에만 자신의 애정을 바친다.
- 호랑이띠 5월생인 여성과는 상극이다.
- 여성은 토끼띠 2월생인 남성과 잘 맞는다.

*아래는 양력 9월생의 운세이다.
- 금전 감각이 발달되어 손해를 보는 일에는 절대 손을 대지 않는다.
- 다른 사람들을 잘 보살펴 주지만 지금 도움을 주면 훗

날 도움을 받을 수 있을 것이라는 식으로 생각한다. 그러므로 이용 가치가 없는 사람에게는 도움을 주려고 하지 않는다.

• 해학과 임기응변으로 재치 있게 대응할 줄 아는 화술도 있다.

• 머리가 좋다는 것을 내세우는 경향이 있다.

• 연애는 성사되기까지의 과정을 즐기는 경향이 있으며 연애와 결혼을 별개의 것이라고 생각한다.

• 실업가, 금융 관계, 회계, 경리, 소매업 등이 좋다.

(9) 구월생:

• 성질이 원만하고 착실하며 조그마한 재주도 있다.

• 관직생활을 하면 안정된 삶을 누리지만 사업에 손을 대면 경영하는 수단이 없어 노력과 자금만 허비할 뿐이다.

• 초년에 고생 없이 사치스럽게 자란 사람이 많으나 중년 부터는 고생이 따른다.

• 금전의 인연이 있어 우연한 돈이 생기며 일생을 통하여 심한 궁색은 없다.

• 말년에 이를수록 다시 트이고 삼십구세는 운이 대통한다.

- 매년 구월은 흉하다.
- 남에게 지기 싫어하는 반면 자주성이 부족하다.
- 투지는 강하지만 경솔한 행동을 조심하지 않으면 남에게 상처를 주기 쉽다.
- 가까운 사람 중에 자신의 결점을 견제해 줄 선배를 두면 좋다.
- 재산을 늘렸다가 투기로 날리는 수가 있다.
- 35세를 전후로 해서 금전 운이 떨어질 위험이 있다.
- 남성은 마음에 드는 아내를 맞이한다.
- 소띠 3월생이나 토끼띠 9월생인 여성이 이상적이다.
- 여성은 균형 잡힌 훌륭한 몸매를 가지고 있어서 성격적인 결함이 있더라도 남성으로부터 사랑 받는다.
- 사무직에 종사하는 내근 사원으로 강한 성격과 잘 조화될만한 남성과 결혼하면 좋다.
- 뱀띠 12월생, 돼지띠 6월생 중에서 택하는 것이 좋다.

* 아래는 양력 10월생의 운세이다.
- 정직하고 성실한 성격이다.
- 말주변이 없어서 남의 칭찬도 잘못하고 무슨 말을 하려고 하면 시비를 거는 말투가 되어 버린다.
- 소극적이고 남을 어렵게 여기기 때문에 대인 관계가 몹시 서툴다.

- 자신이 믿고 있는 일에는 주장을 굽히지 않는 고집스러움이 있다.
- 장인기질을 가지고 있다.
- 인생을 서툴게 살아가는 사람으로 보이나, 꽤 잘 노는 편이다.
- 기술자, 인쇄, 경비원, 건축, 사회사업 등 직업이 어울린다.

(10) 시월생:

- 성질이 강하고 승부심 질투심이 많아 남에게 뒤지기 싫어하고 자기가 좋아하는 일이면 남의 비난에도 불구하고 감행하며 마음에 드는 사람에게는 지나치게 잘하나, 비교적 인색하고 짠 편이므로 좋은 평을 듣지 못한다.
- 명예를 좋아하고 권위 의식도 강하여 실속 없는 허세도 잘 부린다.
- 생활 신조가 강하다.
- 사십세가 지난 뒤에는 실패가 없다.
- 사십세와 매년 삼월을 조심하라.
- 정신 연령의 성장이 더디고 얼굴도 앳되다.
- 스스로 자기 혐오증에 걸리기 쉽다.
- 웃어른을 대할 때에 어려움을 많이 느낀다.

- 30세를 넘게 되면 풍모의 미숙함은 사라지고 자신감이 생긴다.
- 이런 남성은 지극히 가정적인 남편 노릇, 부모 노릇을 한다.
- 여성이 남성보다 우수한 편이다.
- 여성은 금전 운도 따른다.
- 직업은 어떤 직종이나 상관 없이 성공할 운이다.
- 남성은 돼지띠 3월생인 여성, 여성은 양띠 2월생인 남성과 잘 맞는다.

* 아래는 양력 11월생의 운세이다.
- 정의감이 강해서 바른 일이 아니라는 생각이 들면 누구에게나 굽히지 않는다.
- 의리가 깊고 인정이 많아 회사 등에서 문제가 발생하면 자신의 이해 관계를 따지지 않고 반드시 약자의 편에 서서 부하들로부터 존경을 받는다.
- 필요 없는 말을 더하기 때문에 적을 만들기 쉽다.
- 연애에서도 일방통행이 되기 쉽다. 상대의 기분을 헤아려 주는 여유가 필요하다.
- 변호사, 검사, 정치가, 교육자, 종교가 등이 어울리는 직업이다.

(11) 십일월생:

∘ 재주가 뛰어나고 남보다 먼저 알아보는 민첩성이 있어서 찬사를 듣지만 성질이 급하고 참을성이 부족하고 편협해서 때를 잘 놓친다.

∘ 자기 일보다 남의 일에 더 성의를 보여 가정사를 잘 돌보지 않는 경향이 있다.

∘ 초년은 별 근심은 없고 중년이 되어서는 한번 신고를 겪은 후 말년이 되면 대길하다.

∘ 삼십팔세부터 운이 열린다.

∘ 의식주에는 근심이 없다.

∘ 매년 사월과 십일월을 주의하라.

∘ 혼자 있을 때는 내성적으로, 남들과 함께 있을 때는 명랑하고 쾌활하게 달라지는 성격이다.

∘ 소박한 것을 좋아하지만 행동 면에서 대담하며 침착한 분위기를 가졌으면서도 화려한 인상을 준다.

∘ 손재주가 있다는 것에 자만하지 않으면 30세를 지나서 반드시 성공한다.

∘ 강한 질투심과 섬세한 감각을 가지고 있다.

∘ 여성은 조숙하다.

∘ 결혼은 중매보다 연애가 좋은데 교제 기간이 짧게 끝나기 전에 제 3자의 의견을 충분히 참고한 뒤 결정을 내

리는 것이 좋다.

∘ 돼지띠 3월생인 남성이 이상적이다.

∘ 여성은 피부가 약한 편이다.

∘ 남성일 경우에는 말띠 10월생 여성과 잘 맞는다.

* 아래는 양력 12월생의 운세이다.

∘ 두뇌가 명석해서 행동을 옮길 때에는 우선 계획을 면밀히 세운 후 성공률이 높은 방법을 택한다.

∘ 자기 자신의 역량을 잘 이해해서 수험이나 큰일에 임할 때에도 너무 높은 기준을 잡아서 실패하는 일은 거의 없다.

∘ 인간관계가 원만해서 동료들로부터 평판도 좋은 편이지만 항상 너와 나의 선이 명확해서 친구가 많아도 마음을 터놓고 사귈 수 있는 관계를 갖기 어렵다.

∘ 젊을 때부터 뚜렷한 경제 관념을 갖고 생활하므로 곤경에 처하는 일은 없고 다소의 파란이 있더라도 극복할 수 있다.

∘ 연애도 서로 좋아할 수 있는 사람을 일찍 만나게 된다.

∘ 환경의 차이도 서로의 노력에 의해 해결해 나갈 수 있다.

∘ 성실하고 끈기가 있으므로 금융 관계의 일에 투신해서 성공하는 사람이 많다.

(12) 십이월생:

- 성품이 정직하고 고지식하며 간사한 마음이 없으나 남을 비판하는 데 능하고 까다롭고 번화한 것을 싫어하여 스스로 고독을 자초한다.
- 지나치게 생각이 깊고 조심성이 많아 공연한 걱정도 한다.
- 색정을 탐하여 이성 교제 및 여색으로 많은 돈을 낭비한다.
- 십이세와 사십육세, 그리고 매년 유월과 십이월을 주의하라.
- 감정 표현에 솔직하다.
- 담백한 성격으로 남에게 호감을 산다.
- 질투심이 있지만 순간적일 뿐이다.
- 크고 높은 목적을 위해 쉬지 않고 달린다.
- 35세 전후의 파란이 지나고 나면 순조로운 성공에 이른다.
- 연애도 직선적인 애정 표현을 서슴치 않으므로 깊이가 없어 보이는 때가 있다.
- 남성은 나이와 성격이 비슷한 여성과 결합해야 모범적인 부부가 된다.

- 남성에게는 토끼띠 8월생이나 뱀띠 9월생이 훌륭한 배필이다.

- 여성은 사색을 좋아하는 남성과 연분이 있고, 닭띠 4월생이나 뱀띠 9월생이면 좋다.

- 담백하며 밝은 성격을 갖고 있다.

- 모든 일에 집착하지 않고 남성적인 생각을 한다.

- 과감하고 결단력이 빠르며 여성이라면 여장부형이 많다.

- 자신에게 엄격한 것은 좋지만, 결벽증이 있기 때문에 다른 사람에게 불편하다.

- 복잡하고 쉽게 결단을 못 내리는 성격을 이해하지 못하기 때문에 때로는 친구의 고민을 들어도 냉정한 입장에서 바라보는 경향이 있다.

- 본래는 부드럽고 따스한 마음씨를 갖고 있으므로 다른 사람들이 모두 자기와 같은 생각을 갖고 있는 것이 아니라는 사실을 염두에 두는 것이 좋다.

- 금전에는 담백한 편이지만 돈으로 인해 곤란을 당하는 일은 없고 만년이 되면서 점점 더 편안한 생활을 보낼 수 있게 된다.

- 연애는 정열적으로 하지만 중요한 기회를 놓치는 경우가 많아서 중매 쪽을 택하는 경우가 흔하다.

- 행동력이 있고 마음 밑바닥에는 따스한 마음씨가 스며

있으므로 국민학교 교사, 보모 등이 적합하다.

6) 뱀띠생과 해[88]

(1) 쥐띠의 해:

- 활발히 활동할 수 있는 해.
- 전망이 좋고 호기가 주어진다.
- 하는 일에 지적이 보인다.
- 극적인 사건이 일어날 수 있다.
- 재정적 손해를 만회할 수 있고 문제가 순조롭게 풀린다.
- 남에게 돈을 주거나 꾸어주어서는 안된다.

(2) 소띠의 해:

- 다소 곤경과 재정적 실수가 있기 쉽다.
- 문제를 복잡하게 만들지 않는 게 좋다.

---

88) (1) 위의 책 161~163쪽.
　　(2) 박일현, ≪육갑전서≫, 동양서적, 1990, 42~44쪽.

(3) 범띠의 해:

∘ 짜증이 많은 해.
∘ 갈등에 쉽게 휘말리게 되고 가정이나 직장에서 주위 사
  람들과 즐겁게 지내지 못한다.
∘ 분별없이 보복하려 하지 말아야 한다.

(4) 토끼띠의 해:

∘ 바쁘지만 매우 행복한 해.
∘ 돈이 쉽게 생긴다.

(5) 용띠의 해:

∘ 어려움이 있는 해.
∘ 사업에 큰 수확을 기대할 수 없다.
∘ 악의 있는 비난과 질투심 많은 주위 사람을 조심해야
  한다.
∘ 가을부터 좋은 소식을 기대할 수 있다.
∘ 지나친 지출을 삼가고 돈을 잘 간직해야 한다.

(6) 뱀띠의 해:

- 때가 오기를 기다려야지 성급하게 일을 바꿔서는 안된다.
- 인내와 냉정한 머리가 곤난으로부터 벗어나는 데는 필수적이다.
- 사업상의 오해와 애정상의 문제가 예견된다.
- 제 문제에 대한 안정에 힘써야 한다.

(7) 말띠의 해:

- 활기찬 해.
- 감정에 치우치거나 서두르지 말아야 한다.
- 해결되지 않은 문제와 근심이 건강을 상할 수 있다.

(8) 양띠의 해:

- 안전한 해.
- 큰 손실도 큰 성취도 없다.
- 조용하고 한가롭게 지내면서 나중에 도움이 될 수 있는 영향력 있는 친구들을 사귀는 데 이 시간을 사용하면 좋다.
- 가정에 약간의 불행과 사소한 불편한 일이 생긴다.

우주알을 품은 뱀 툼 이집트 신화

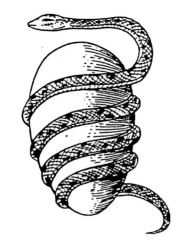

우주알을 감고 있는 뱀 그리스 신화

(9) 원숭이띠의 해:

◦ 도움이 나타나는 해.

◦ 원치 않는 분쟁에 말려들기 쉽지만 깊이 참여하지 않으면 곧 끝난다.

◦ 조심스럽고 중립적인 자세를 견지해야 한다.

(10) 닭띠의 해:

◦ 좋은 일이 일어나는 해.

◦ 많은 것이 성취된다.

◦ 인내와 수고에 대한 보답이 주어지고, 수익과 수입에서의 큰 증대가 예견된다.

○ 노력에 대한 열매를 수확하는 때이므로 가정생활은 즐 겁다.

(11) 개띠의 해 :

○ 좋은 기회가 온다.
○ 사소한 건강문제 및 재물상의 손실은 있으되 새로운 계 획을 추진할 수 있는 최고의 시기이다.
○ 여행과 사교에도 좋은 때이다.

(12) 돼지띠의 해 :

○ 열광적이고 복잡한 해.
○ 최고의 노력을 해서 최소의 것을 얻기 쉽다.
○ 잘못된 판단에 의한 재산상의 불운과 법률적인 문제를 겪게 되고 친한 사람과 헤어지게 된다.
○ 일을 하기 전에 잘 살펴서 해야 한다.

(13) 을사생(乙巳生)의 특성 :

○ 용모가 준수하고 멋을 부린다.
○ 사치와 허영기가 있다.
○ 여자는 소실살이 하는 수가 있고, 보통 가정을 꾸미면

남편[처]에 대한 불만 또는 변덕이 심하다.

(14) 정사생(丁巳生)의 특성:

- 정신력이 강하다.
- 눈빛이 강렬하다.
- 집요하게 파고드는 성격이며 기미 주근깨가 보인다.
- 화가 나면 강렬한 성격이 나타난다.
- 민첩하고 판단력이 빠르다.

(15) 기사생(己巳生)의 특성:

- 겸손 성실한 편이나 공상이 많고 신분을 숭상하며 학문과 책을 좋아한다.
- 소심한 편이고 나서기를 싫어하며 소극적으로 처신한다.
- 안정된 생활을 원한다.

(16) 신사생(辛巳生)의 특성:

- 남편 운이 좋고 멋을 잘 낸다.
- 단정하고 품위 있는 것을 좋아하며, 자제심이 강하다.

∘ 성품이 강렬한 편은 못된다.

(17) 계사생(癸巳生)의 특성:

∘ 계산에 빠르고 실속을 차리며 치밀한 장부정리를 잘하
  고 내부관리를 잘한다
∘ 남자는 처덕이 있고 가정적이고 내성적이다.

7) 십이천성(十二天星)과 사(巳):천문성(天文星)[89]

12지에 하늘의 별들의 성질을 붙여서 운세를 말하기도
한다.

(1) 그 해에 천문성이 있으면 공부를 많이 하며 벼슬을 하
   나, 그렇지 않으면 신수가 곤고하고 신경성 질환으로
   고생한다.
(2) 그 달에 천문성이 들면 공부를 많이 하는 것은 좋으나
   그렇지 않으면 풍파가 심하고 신경성 질환으로 고생한
   다.

---

89) 박일현, 《육갑전서》, 동양서적, 1990, 24쪽.

◇ **무씨 사당 화상석 벽화** 중국 산둥성. 복희씨와 여와씨가 각각 곱자
와 걸음쇠를 들었고, 몸은 뱀의 형상임.

(3) 그 날에 천문성이 있으면 용모가 단정하고 문예가 있
　　으나, 공부를 많이 못하면 기술자가 될 팔자이다. 색욕
　　과 신경계통 질환을 조심해야 한다.

(4) 그 시에 천문성이 있으면 좋으나, 말년은 신경성 질환
　　으로 고생하니 조심해야 한다.

8) 다른 띠와의 관계[90]

(1) 쥐띠와의 관계:

- 많은 매력을 느끼며 공동의 목표를 성취하기 위해 협력
  하는 관계.
- 만족스러운 관계.

(2) 소띠와의 관계:

- 좋은 짝이 된다.
- 서로 이해하는 매우 좋은 관계.

(3) 범띠와의 관계:

- 갈등을 가지며 나쁜 감정을 갖게 되는 관계.
- 서로 의심이 많고 관계를 갖는 것이 불가능하다.

(4) 토끼띠와의 관계:

- 도와주는 원만한 사이.

---

90) 《옛조상의 삶풀이》 160쪽.

- 공동의 목표를 위해 함께 일할 수 있다.
- 특별한 매력은 느끼지 못하지만 미움도 갖지 않는다.

(5) 용띠와의 관계:

- 서로 동정적이며 성공적으로 협력해 나갈 수 있는 관계.
- 조화가 잘되고 성과 있는 짝을 이룬다.

(6) 뱀띠와의 관계:

- 서로 성격을 잘 이해하므로 공동의 관심분야에 강한 유대를 이룬다.
- 다투는 일이 없다.

(7) 말띠와의 관계:

- 약간의 갈등을 갖고 대결하는 사이.
- 직접 마주하는 데에 어려움이 있다.
- 같이 지내기 어려우며 냉정하고 먼 관계를 갖는다.

(8) 양띠와의 관계:

· 따뜻하고 온화한 관계.
· 비교적 조화를 이룬다.
· 잠재된 갈등 관계가 없으므로 필요할 때에 협력한다.

(9) 원숭이띠와의 관계:

· 잘 조화되지 않는 관계.
· 신뢰와 신의가 부족할 때는 다툼과 갈등이 있다.
· 협력하면 많은 것을 얻는다.

(10) 닭띠와의 관계:

· 결혼을 하거나 사업을 하는 데 있어 가장 좋은 짝.
· 서로 믿을 수 있고 잘 이해한다.
· 조화롭고 성공적인 쌍이 된다.

(11) 개띠와의 관계:

· 서로 존경하고 공동의 관심이 많은 관계.
· 커다란 갈등은 없고 비교적 조화를 이룬다.
· 서로 상냥하게 협력할 수 있다.

(12) 돼지띠와의 관계:

∘ 서로 관계를 맺거나 이해할 수 없는 관계.

∘ 깊고 지속적인 갈등을 가지고 있다.

∘ 의견 교환의 단절을 극복할 수 없고 서로의 차이를 해
  결할 수 없다.

9) 뱀띠에 해당하는 별자리 황소좌(Taurus)

참고로 뱀띠에 해당하는 황도 십이궁의 별자리 황소좌에
관해서 간략하게 소개를 하고자 한다.

우리가 한 사람의 타고난 운명을 십이지수(十二支獸)에
결부시켜 이야기 하듯이 서양에서는 황도 십이궁(黃道 十
二宮)의 별자리를 결부시켜 운명을 이야기한다.

뱀띠에 해당하는 별자리는 황소좌[91]이다.

---

91) Joël Schmidt, Dictionnaire de la Mythologie grecque et romaine,
  Larousse, 1965.: 이나코스 왕의 딸 '이오'가 그 매력으로 제우스
  의 마음을 끌어 제우스가 그녀와 결합한다. 그러나 제우스의 아
  내가 질투할 것을 두려워 하여 이오를 황소로 변신시킨다. 아무
  리 변신을 해도 제우스의 아내 헤라는 속지 않고 남편 제우스에
  게 그 동물을 자기에게 바치라고 졸랐다. 제우스는 하는 수 없이
  그렇게 하기로 하여 아르고스에게 넘겨주었다. 아르고스는 눈이
  백 개나 되는데 잠을 잘 때는 언제나 눈을 50 개는 뜨고 자는

태양이 이 별자리를 통과하는 4월 21일부터 5월 21일까지는 삼라만상이 충족된 입하의 계절이다. 이 시기에 태어난 사람은 부족함이 없이 원만하게 성장하여 자연의 경영이 순조롭고 평화로우며 온순·순종하는 성미이다. 마치 그리스의 신화대로 젊은 여자가 변신한 황소로 상징된 성격을 부여받아 온순하고 순종 잘하는 평화로운 성미를 갖는다.

청결하고 아름다운 사랑의 정신을 더욱 더 확대해가며 불결을 증오하는 양식과, 인간의 허위나 거짓에 저항하여 넘어가지 않을만한 탄력서이 있는 신념을 부여하는 강력한 영향력을 소유하고 있다.

미와 조화의 정신과 청결한 사랑이 일치하여 숭고한 정신의 소유자로 형성된다. 혼탁한 세상 속에 빠지지 않고 항상 신선한 생활에 마음을 맡기는 자세와, 순진한 것을 그리워하는 태도, 싫증을 느끼지 않는 인간에의 탐구심, 맑은 적으나 아름답고 품위 있는 이야기 솜씨 등을 발휘한

신이다. 이를 불쌍히 여겨 제우스는 헤르메스 신에게 부탁해서 그 황소를 뺏아오게 한다. 그러나 헤라가 그녀에게 진드기를 보내어 그 진드기가 옆구리에 찰싹 달라붙어 있어서 황소는 견디지 못하고 한 시도 가만이 있지를 못하고 전 그리스를 돌아다니게 된다. 마침내 보스포르(암소의 여울)라는 곳에 이르러, 코카스 산 위에서 바위에 매어 있는 프로메테우스를 만난다. 프로메테우스로부터 좋은 운명을 타고 났다는 예언을 듣고 에집트로 가서 원래의 모습으로 돌아온다. 거기서 에파포스를 낳는다.

다.

　평상시의 태도는 동심에 가까운 애교가 넘치지만 가정생활에 있어서는 약점이 된다. 사생활에 있어서는 제멋대로 되기 쉽다. 때로는 고집이 세어 횡포해지기도 하며 집안 사람들에게 과대한 행위를 요구하지 않고는 배기지 못하는, 말하자면 안심과 위안을 받으려고 그것을 추구하여 언제나 초조해지기도 한다.

　충족과 만족을 향한 자세와 새로운 융성에 대한 불안감이 교차되어 안으로는 안위를 요구하고 밖으로는 순종하는 조화로운 평화의식이 강하다.[92]

　따라서 뱀띠생의 성격과는 아무런 관계도 없음을 알 수 있다.

10) 뱀띠생의 초(初) 중(中) 말(末)년의 운세[93]

　이 중에서 초·중년의 운세만을 소개한다.

---

92) 정다운, ≪人生十二進法≫, 밀알, 1985, 50쪽.
93) 정다운, ≪人生十二進法≫, 109~156쪽.

(1) 초년의 운세:

- 용모가 단정하다.
- 어른 들의 말을 잘 들어 흐트러짐이 없고 하나를 배우면 둘을 실천하는 착한 사람이다.
- 책 펼치기를 좋아하고 운동을 싫어하여 쇠약할 염려도 있으나 성품이 단정하여 결코 불행하지는 않게 잘 견디어 낸다.
- 친구들과는 잘 어울리지 않지만 공부를 잘한다.
- 철이 들면서 자신의 빼어났음에 회열을 느끼며 자만심을 갖기 시작하면서 매사에 열중해야 한다는 강박관념으로 신경이 예민해지기 쉬우나 학문에 열중하므로 상위권을 고수하여 자위한다.
- 이름이 널리 알려질 만큼 매사에 열중하므로 출세욕이 급증하여 신세가 고단하고 쾌활한 성격이 위축되어 독단적인 생각이나 행위를 하기 쉽다.
- 성장하면서 이성에 대한 호기심도 빨라 일찍 고뇌하면서 공명을 얻고자 하는 마음이 깊어져서 자존심을 상하는 일이 생기면 상심이 크다.
- 일찍 출세의 인연과 만나는 행운의 열쇠도 가지고 있다.
- 이름을 아끼고 드높여서 부모까지도 칭송을 듣게 할 만

큼 용모가 단정하고 부지런하다.

(2) 중년의 운세:

- 1월에 낳으면 월천문(月天文): 널리 배운 바가 많아 벼슬이 높고 권세가 미쳐 재물이 풍족하다.
- 2월에 낳으면 월천복(月天福): 만사가 여 의하니 복록이 두텁고 재물이 풍족하니 써도 모자라지 않는다.
- 3월에 낳으면 월천역(月天驛): 동서를 유랑하니 세상 풍물을 두루 알아 중년 말에 부귀가 찾아들게 한다.
- 4월에 낳으면 월천고(月天孤): 일신이 편치 않는데 골육마저 고단하고 몸이 부평초 같으니 사해로 집을 삼는다.
- 5월에 낳으면 월천인(月天刃): 질병이 잦으니 바라는 바가 잘 막히고 너무 크게 시작하여 끝맺음이 힘들다.
- 6월에 낳으면 월천예(月天藝): 예술감각이 뛰어나니 못하는 바가 없고 공명을 얻어 산수를 즐기는 생애이다.
- 7월에 낳으면 월천수(月天壽): 할 일이 많으니 동서로 분주하고 한 때의 풍상이 인생탑을 쌓는다.
- 8월에 낳으면 월천귀(月天貴): 복록이 점차 늘어나 천금을 얻으나 스스로 키운 공로이니 더욱 더 값지다.
- 9월에 낳으면 월천액(月天厄): 실패수가 많으나 도리어

풍상으로 자력이 생기고 마침내 사업을 이룩한다.

- 10월에 낳으면 월천권(月天權): 뜻을 세워 성공하니 권리가 가득하고 많은 사람이 따르니 영화가 중중하다.

- 11월에 낳으면 월천파(月天破): 의지할 골육이 없으니 산너머 강이요 풍상이 중중하니 큰 일만 도모한다.

- 12울에 낳으면 월천간(月天奸): 지혜가 출중하여 남의 충언을 듣지 않고 주관으로 매사에 임하니 평탄하지 않다.

VI. 맺 음 말

위에서 살펴본 바와 같이 뱀과 관련된 것으로 뱀띠로 태어난 사람의 성격(性格)은 다양하게 나타나고, 속신(俗信)에서의 뱀은 그것이 부적으로서의 역할을 할 때를 제외하고는 모두 불길한 것으로 나타난다. 꿈에서의 뱀은 꿈이 현실과 반대되는 또는 상징적으로 나타나는 것이라는 사유에서 대체적으로 길(吉)한 것으로 해석되고 있으며, 속담(俗談)에서의 뱀은 전체적으로 뱀이 지니는 속성과 뱀에 대한 인간의 의식을 그대로 표현하고 있다. 설화(說話)에서는 '복수'(復讐)의 이야기가 가장 많고 그밖에 '변신(變身), 작해(作害), 보은(報恩), 식인(食人)' 등으로 나타난다.

우리가 띠를 통해서 운명을 논하는 것처럼 서양에서도

황도 12궁(黃道十二宮)의 별자리와 생년월일을 결부시켜 인간의 운명을 논한다. 어느 것이나 인간의 사유에서 나온 것이므로 현실에 맞지 않는 것은 사실이지만, 불행한 일을 당할 때는 그것이 이미 지워진 운명의 탓이라고 자위하기도 하고, 한편 좋은 운명을 타고 났기 때문에 반드시 길한 일이 생길 것이라는 희망을 갖게 하기도 한다.

따라서 띠는 그것이 말해주는 긍정적인 면을 취하는 것으로 만족해야 할 것이다. 왜냐하면 동년 동월 동일 동시에 태어난 사람들의 운명이 반드시 똑같은 것일 수 없고, 같은 시각에 같은 어머니로부터 태어난 쌍둥이도 그 운명이 똑같을 수 없는 것이기 때문이다. 우리는 띠를 이야기할 수 있어 삶을 더 즐겁고 풍요롭게 할 수 있다고 생각해야 할 것이다. 왜냐하면 띠는 신 [신의 계시]으로부터 주어진 것이 아니고 인간의 머리에서 짜내어 만들어진 것이기 때문이다. 인간이 만들어 낸 틀인 '띠'가 신의 뜻 [운명]과 일치한다면 그 틀을 짜낸 인간은 이미 '인간'이 아니고 '신'이어야 할 것이기 때문이다. 동년 동월 동일 동시에 태어난 사람들의 운명이 반드시 똑같은 것일 수 없고, 같은 시각에 같은 어머니로부터 태어난 쌍둥이도 그 운명이 똑같을 수 있어 삶을 더 즐겁고 풍요롭게 할 수 있다고 생각해야 할 것이다.

이 책의 상당 부분을 보완할 수 있는 다양한 자료들을

일찌기 책으로 펴내어 훌륭한 공적을 남기신 각계 선배 학자들께 이 자기를 빌어 충심으로 경의와 동시에 감사의 뜻을 표합니다. 또한 이 책이 펴나오도록 길잡이를 해준 민속학회, 그리고 정성을 다 해 출판을 도운 국학자료원에 깊은 사의를 표합니다.

參考文獻

- 崔常壽, ≪韓國民間傳說集≫, 通文館, 1984.

- 김기빈, ≪한국의 지명유래 4≫, 지식산업사, 1993.

- 玄容駿, ≪濟州道神話≫, 瑞文堂, 1976.

- 文武秉, ≪濟州道 堂信仰 硏究≫, 1993, 博士學位論文.

- 呂榮澤, ≪울릉도의 傳說.民譚≫, 正音社, 1984

- 孫晋泰, ≪韓國民族說話의 硏究≫, 乙酉文化社, 1991.

- 李信馥, ≪韓國의 說話≫, 乙酉文庫, 1985

- 임동권, ≪한국의 民譚≫, 서문당, 1986

- 任東權, ≪韓國 民謠史≫, 集文堂, 1986.

- 민속학회, ≪韓國民俗學≫6집(1973), 7집(1974), 15집(1982).

- 任東權, ≪韓國民俗文化論≫, 集文堂, 1983.

- 金星元, ≪韓國의 歲時風俗≫, 明文堂, 1987

- 張籌根, ≪韓國의 歲時風俗≫, 螢雪出版社, 1984

- 李錫浩, ≪朝鮮歲時記≫, 東文選, 1991.
- 任東權, ≪韓國 歲時風俗≫, 瑞文堂, 1977
- 玄正晙외 共著 (李鍾洙 譯), ≪世界의 曆≫, 三星文化財團, 1975
- 박일현, ≪육갑전서≫, 동양서적, 1990
- 이은성, ≪曆法의 原理分析≫, 정음사, 1985
- 한국일보 타임-라이프, ≪세계의 야생동물:파충류와 양서류≫, 1992
- 최내옥, ≪한국 전래 동화집 10≫, 창작과 비평사, 1989.
- 박종성, ≪虫它神說話의 形成과 變異≫, 서울 대학교 대학원 국문학 연구 제 103집, 1991.
- 韓建德, ≪꿈의 豫示와 判斷≫, 明文堂, 1981
- 정용빈, ≪꿈은 이렇게 해몽한다≫, 松園文化社, 1994.
- 金赫濟, ≪東西古今 解夢要訣≫,明文堂, 1993.
- 朴桂弘, ≪韓國民俗硏究≫, 螢雪出版社, 1975
- 金聖培, ≪韓國의 禁忌語·吉兆語≫, 正音社, 1981
- 류상채, ≪액풀이 병풀이≫, 도서출판 은율, 1993.
- 송재선, ≪우리말 속담 큰사전≫, 서문당, 1986
- 金光植, ≪生活氣象과 日氣俗談≫, 鄕文社, 1979.
- 全羅南道 農村振興院, ≪農事俗談集≫, 1979.
- 김생수, ≪띠를 알면 그 사람이 보이네≫, 도서출판 청산, 1994.

- 李淙煥, ≪누구나 주어진 띠≫, 新陽社, 1990.
- 이혜화, ≪龍사상과 한국고전문학≫, 1991.
- 村山智順 著・金禧慶 譯, ≪朝鮮의 占卜과 豫言≫, 東文選, 1991.
- , ≪朝鮮의 鬼神≫, 東文選, 1993.
- 정재서, ≪不死의 신화와 사상≫, 민음사, 1994.
- 이필영, ≪마을 신앙의 사회사≫, 웅진출판, 1994.
- 금복현, ≪전통 부채≫, 대원사, 1990.
- 정다운, ≪人生十二進法≫, 밀알, 1985.
- 尹太鉉, ≪八字≫, 행림출판사, 1986.
- 成空道, ≪人生八進法≫, 靑塔書林, 1989.
- 흑룡강 조선민족출판사, ≪옛조상의 삶풀이≫
- 李志映, 〈龍蛇說話의 側面에서 본 '빈대절터' 說話〉≪口碑文學研究≫, 韓國口碑文學會, 1994.
- 최덕원, 〈어업과 배선왕〉≪농업과 민속 어업과 민속≫, 민속학회 하계수련회, 1994.
- 華惠佺・昊혁煌, ≪十二生肖 '蛇'≫, 上海科學技術出版社, 1990.

- Joseph Campbell, *Primitive Mythology*, U.S.A., Penguin, 1985

- -----------------------, *Creative Mythology*, ------ --------
  ----

- -----------------------, *Occidental Mythology*, ------ --------
  ----

- -----------------------, *Oriental Mythology*, ------ -------
  -----

- Louis Segond (역), *La Sainte Bible*, Paris, 1961

- Société Biblique Française, *Le Nouveau Testament*, Alliance Biblique Universelle, 1973

- Joël Schmidt, *Dictionnaire de la Mythologie grecque et romaine*, Larousse, 1965.

부록 : 간지(干支)와 오행표(五行表)

十二支	動物	陰陽	五行	月	時	方 位	十二次	別名
子	쥐	陽	水	11	子正	180도 (북)	玄枵	攝提格
丑	소	陰	土	12	1~3시	210도	星紀	單閼
寅	범	陽	木	正月	3~5시	240도	析木	執徐
卯	토끼	陰	木	2	5~7시	270도 (동)	大火	大荒落
辰	용	陽	土	3	7~9시	300도	壽星	敦장
巳	뱀	陰	火	4	9~10	330도	행尾	協洽
午	말	陽	火	5	正午	0도 (남)	행火	군灘
未	양	陰	土	6	13-15	30도	행首	작
申	원숭이	陽	金	7	15-17	60도	實沈	淹茂
酉	닭	陰	金	8	17-19	90도 (서)	大梁	大潤戱
戌	개	陽	土	9	19-21	120도	降婁	困敦
亥	돼지	陰	水	10	21-23	150도	娶자	赤奮若

木		火		土		金		水	
甲 양	乙 음	丙 양	丁 음	戊 양	己 음	庚 양	辛 음	壬 양	癸 음

陽 中 陽	甲	丙	戊	庚	壬	
陰 中 陰	子	寅	辰	午	申	戌
陽 中 陰	乙	丁	己	辛	癸	
陰 中 陰	丑	卯	巳	未	酉	亥

五行	木	火	土	金	水
五星	木星	火星	土星	金星	水星
五時	春	夏	土用	秋	冬
五方	東	南	中央	西	北
五色	靑	赤	黃	白	黑
五聲	角	徵	宮	商	羽
五常	仁	禮	信	義	智
五數	八	七	五	九	六
五味	酸	苦	甘	辛	鹹
五帝	靑帝	赤帝	黃帝	白帝	黑帝
五情	喜	樂	慾	怒	哀
五臟	肝	心	脾	肺	腎

12띠의 민속과 상징 ⑥뱀띠

인쇄일 초판 1쇄 1998년 01월 07일
　　　　 2쇄 2015년 04월 07일
발행일 초판 1쇄 1998년 01월 07일
　　　　 2쇄 2015년 04월 09일

지은이 송 영 규
발행인 정 찬 용
발행처 **국학자료원**
등록일 1987.12.21, 제17-270호

서울시 강동구 성내동 447-11 현영빌딩 2층
Tel : 442-4623~4 Fax : 442-4625
www.kookhak.co.kr
E-mail : kookhak2001@hanmail.net
ISBN 978-89-8206-190-5 *03380
가 격 5,000원

*저자와의 협의 하에 인지는 생략합니다.